起こった事は最悪だけど、
出会った事は最高。

JN119036

大玉雅宏

東京キララ社

ありがとう
ただ・合掌・・お疲れさん
波も原発もイヤッ

私たちは・いつも一緒にいますよ！
私たちは・決して忘れません！
私たちは・大丈夫です 安らかに！
やるだけやろうよ

鈴正丸

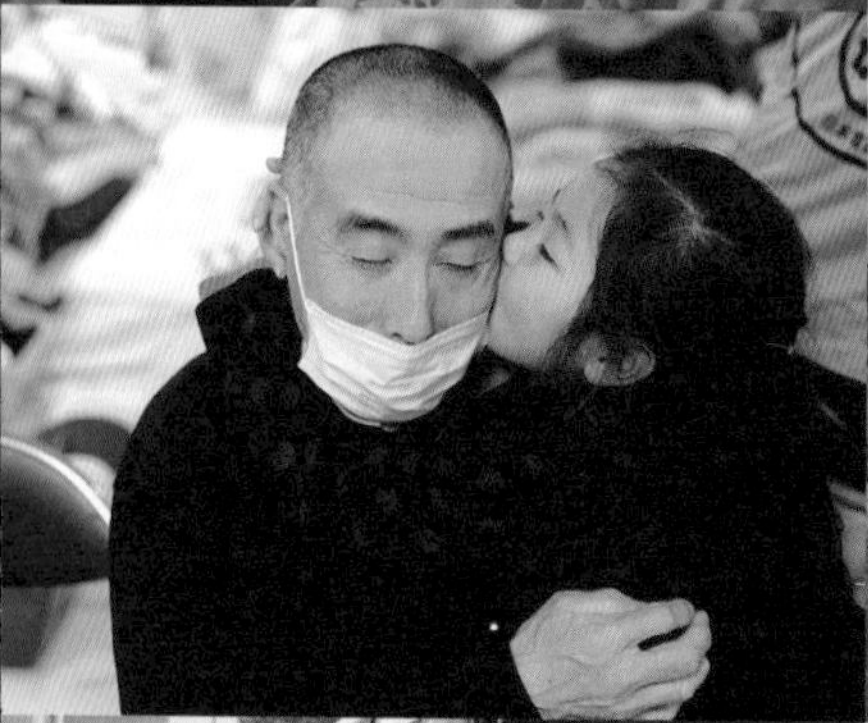

およめさんぼしゅう
デンカポリマー株式会社

FOR EAST JAPAN

egenera

アメリカン・ポーク
サンフーズ

アメリカン・ポーク

手をつないで
がんばろう

東北関東大震災支援隊本部
BOND & JUSTICE

まえがき

２０１１年3月11日。あの日、多くの人々の人生が変わりました。

誰も想像もしなかった大地震と津波、そして原子力発電所の爆発。あの日から、自分の人生も大きく変わりました。一般的に考えたら自分も被災者だけど、自分のことを一度も被災者と思ったことはありません。

それはきっと震災直後から被災地支援に向けて動きだしたからだと思います。そして「ヒップホップグループの元マネージャー」という経歴しかなかった自分に、多くの人たちが想いを託してくれ、音楽で繋がった仲間たちが一緒に被災地を飛び回ってくれたからでした。

〈BOND & JUSTICE〉「絆」と「義」。

この言葉を胸に、多くの被災地へ向かいました。沢山の出会いがありました。そこには沢山の学びと、沢山の笑顔がありました。もちろん、悲しい別れもありました。

人生が変わったのは、悪い方向ばかりではありませんでした。


東日本大震災から、もうすぐ10年。

自分が経験してきた「あれから」と「これから」について書こうと思います。この本は「あれから」10年間、全国の被災地を走り続けてきた自分と仲間の記録です。自分たちが経験してきた物語が、自然災害に苦しみ、先の見えない日々を送る人たちの「これから」の未来に、希望を見出す手助けになればと思います。

大土雅宏

RECORDS
UNKNOWN

BOND & JUSTICE 主要メンバー（合流順）

・百ちゃん／福岡県のヒップホップクルー・SHITAKILI IX のメンバー。震災数日後から共に支援を続ける。

・FU さん／元ヒップホップ・プロデューサー。音楽関係の支援者を全国へと繋げてくれた“要”の存在。

・マコトさん／凄腕料理人。横浜のクラブ〈ベイサイド〉から合流し、溢れる男気でチームの核を作った頼れる先輩。

・ブルックリンヤス（ブルヤス）さん／ヒップホップレーベル「FUTURE SHOCK」代表。英語力と太いパイプで支援の輪を海外へ広げる。

・宇都宮「ALLSTAR」のみんな／救援物資の重要中継地点。店長の TAKA-GEE さんをはじめ、JOYSTICKK や DJ RYUUKI、元気やユキンコたちが物資をまとめてくれ、他の倉庫の手配を繋ぐ。

・DJ FILLMORE ／横浜を代表するヒップホップ DJ。包みこむような優しさと行動力で物資輸送に大活躍。

・VEGA-T さん／山梨を代表するレゲエ&ヒップホップアーティスト。熱い気持ちで支援活動に参加し両ジャンルを繋げた要の存在。

・FUMI さん／海外経験も豊富なプロカメラマン。被災地の現状や支援活動をカメラに収め、リアルな写真を提供。

・CORN HEAD さん／横浜を代表するレゲエアーティスト。宮城県から BOND & JUSTICE に参戦し活動の屋台骨を支える。

・DJ MAMBOW さん／郡山を代表するヒップホップ DJ。仕事をかえりみずに支援活動に全力を注いでくれた子煩悩な先輩。

・LGY RYO ／自分がマネージメントしていた「LGY」のメンバー。大型免許を生かして物資輸送に大活躍。

・タカヒコ（鬼ヤンマ）／仙台育英高校の元ラガーマン。高校の仲間のために支援に行った帰りにチームに合流。縁の下の力持ち。

・USSA ／岐阜出身。震災当初は別の動きで被災地に入っていたが、自分たちの活動精神に賛同してくれてチームに合流。

・薗田賢次監督／ヒップホップ MV や映画『凶気の桜』を撮った映画監督。支援活動を写真や動画に収める。

2011.03.11.1446に起きた東日本大震災。自分（福島県南相馬市鹿島町出身）の呼びかけにより始まった支援の輪。約3週間で、全国に物資支援拠点を作り130トン以上の物資を集める。

2011.3/28日物資拠点、主要メンバー
［北海道］ホクトさん、NCBB、本宮さん（ローライダー支援）［青森］DUB-J［秋田］HOODLOCK［山形］堤くん［仙台］エイトトラック、ワイルドウェストデイズ［福島いわき］OG0246クルー［福島郡山］DJMAMBOWさん［茨城］OG43さん［宇都宮］たかしさん、元気、ALLSTAR［千葉柏］マージさん（SCC）［千葉］FUさん、DJTAKA、スターナイト［山梨］VEGAさん［東京］ストークス［東京用賀］ブルヤスさん、まことさん［東京砂町］かつみくん、STM［東京］エクストライド、81TC［東京］DJGOさん、ライレコ［横浜］椿さん、ドラゴンクラブ［横浜］箱崎さん、インドア、DJFILLMORE［横浜］ケイザブローさん、唐川さん、アバランチ、フッドサウンド［横須賀］BIG RONさん、XXXXXL［横浜］ヴィレッチまたむらさん［神奈川藤沢］阿部さん、ルチアーノ［静岡］U-PAC、GPレコード［名古屋］郷農さん、ミッドランド［福井］エルレイさん［三重］DAZZLE 4 LIFE、岡山くん［福岡］百ちゃん（シタキリナイン）［沖縄］MOさん［埼玉］ワイテックさん

全国のHIPHOPの繋がりから、支援物資拠点や中心メンバーが動いてくれて、全国の想いが集まり出す。栃木県の鹿沼、宮城県仙台市の名取に物資拠点を置く。3月は集めると届けるに重点を置き、被災地に物資を届ける。4月に入り、炊き出しを作りながら、コミュニティを再構築していく。被災地支援の状況を見ながら、支援の形を作りながら、動き出す。

BOND&JUSTICE代表 大Z雅宏

第一章

あの日から

1

ちょうど正午前のことだった。

目の前の巨大な冷凍庫が「ガシャン、ガシャン！」と、大きな音を立てて揺れていた。

２０１１年３月９日。

その日、自分は青森県青森市にある老舗デパートへ出張に来ていた。実は10日ほど前に前職を退職し、物産展へ出店する短期の仕事を引き受けたのだった。

「大きかったね〜」

「怖かったぁ」

デパートにいた人たちは、まだ揺れている天井の照明を見上げ、口々にそう言っていた。

震度５弱、マグニチュード7.3。ガラケーで確認すると、三陸沖で発生した地震だと速報が入っていた。

「なんか気持ち悪いね……」

どこからか、そうつぶやく声が聞こえた。なんとなく嫌な予感はしたものの、今はまだ仕事の真っ最中。散らばった物を片づけ、すぐに仕事を再開した。

翌日には何事もなかったかのように、他の出店者の人たちと近くの居酒屋で懇親会を開いた。みんな自分と同じように県外から単身赴任で来ている人ばかりで、ホテルへと連れ立って帰る頃にはほろ酔いで、「会計、思ったより高かったね〜」なんて何気ない会話をするほどに打ち解けていた。

2日後、なんとなく感じたその悪い予感は当たってしまった。

3月11日、午後2時46分。マグニチュード9．0。

まだ北国の雪がちらつく中、全国の美味しい食材を買い求める買い物客で賑わう週末の催事場。店内が、揺れ始めた。

「ガタガタ……ガタガタッ」

揺れは徐々に大きくなり、ついに大きな縦揺れが来た。

「ガタガタッ！　ガシャーーーン、ガシャーーーーーン!!」

デパートの8階催事場は、右へ左へと大きく揺れた。立っているのがやっとだった。お客さんからは悲鳴が上がり、年配の出展者の「静まれっ静まれー！　静まれええーー!!」という叫びのような、願いのような声が響き渡る。消防のベルがフロア全体に鳴り響いた。

やがて、揺れが収まった。だけど、すぐにまた揺れ始める。余震は何度もやってきた。

これはただの地震じゃない――。

フロアにいた催事スタッフや買い物客、その場にいた全員が階段に殺到していた。避難する列に自分も加わろうとしたその時、階段の手前で、車いすに乗った人が避難の列に加われずにいるのが目に入った。ガタイのいい中年の男性だ。

思わず声をかけると「俺のことはいいから！　兄ちゃんたちは先に行って！」そう言って首を横に振った。

余震はまだ続いていた。「自分も早く外に逃げ出したい」という気持ちと、「この人を見捨てるわけにはいかない」という気持ちが交錯する。だけどすぐに、催事仲間に声をかけ、その男性を数人がかりで担ぎ上げた。8階から1階までの階段を、やっとの思いで降りて行った。

「ふう……助かったわ。兄ちゃんたち、ありがとな！」

車いすの男性と別れ、ひとまず肩を撫で下ろしたけど、それで一安心というわけにはいかなかった。

宿泊していたホテルのフロントに確認すると「停電していて、ガス、水道も止まってます！」と従業員さんも混乱していた。

駐車場に向かい、車のガソリンを確認したところ、残り半分。携帯電話は車内でも充電できる。次は消防署へ電話をして、近くの避難所を確認した。

「××小学校が一番近い避難所になります！」

土地勘のない青森では、小学校の場所なんてわかるはずもない。停電していてテレビのニュースも見ることができない。

何がどうなってるんだ……。

冷静になれるはずもないが、そう努めようとした。ホテルの部屋に戻り、そこでやっと家族の安否が気になって電話をかけた。

「ツツツ。ツツツ……プー、プー、プー」

電話が繋がらない――。

その時、側にいた人がワンセグでニュースを見ていた。その画面から飛び込んできた映像は、今も忘れることができない。

東北地方の沿岸部だった。車のすぐ後ろまで来ている津波の波しぶき。カメラが捉えたその映像は、車が飲みこまれる寸前に別の映像に切り替えられた。

「壊滅……壊滅……壊滅……」

呆然とした自分の頭の中に、ニュースキャスターの声がひたすら響いていた。

心臓が冷たくなっていた。自分の地元の福島県南相馬も沿岸部にある。地元の仲間の安否が気になるも、電話回線がパンクしているのか、やはり誰にかけても電話は繋がらない。ひたすら電話をかけ続け、ようやくツレの道治《みちはる》と連絡が取れたのはそれから1時間後のことだった。

「おい、大丈夫か!?」

「ああ。とりあえず俺は今、山側の会社の駐車場まで逃げて来てる」

「そうか。よかった……」

「いや、それが……嫁と子供たちの住んでた原釜の家は、津波に飲まれてった」

「え……？」

「しかも誠や弟は連絡取れねえ状態で……終わったよ。終わった……」

「……」

自分は電話を持ったまま、その場に立ちつくしていた。

2

地元の仲間の家が津波に飲まれ、家族の安否がわからない――。

ハッと我に返って、自分の父ちゃんに電話した。

「プー、プー、プー」

何度かけ直しても繋がらない……。最悪の事態が頭を過ぎる。

「誰かがいない！」という理由で沿岸部まで探しに行って、もしかして父ちゃんまで津波に飲まれてしまったのかもしれない……！

人の心配ばかりしてる場合なのか。泊まっていた青森市内のホテルも、３００メートルも歩けばすぐ海。まあ、ここは内湾だから津波は大丈夫か……と思いながら、ホテルのロビーに戻ると、催事仲間たちが集まっていた。ロビーは毎日朝食を食べる食堂になっていたスペースだったが、ここも停電していた。催事仲間たちはテーブルに置いたロウソクを囲み、催事で売るはずだったお弁当や商品を持ちこみ、酒を飲んでいた。

「実は自分の地元が、津波に飲み込まれて、仲間の数人にまだ連絡がつかない状態で、自分の家族にも連絡がつかずで……」

気が動転していたんだろう。自分はつい、そう漏らしていた。

「事態はわかるけどさ、その話を聞いたところで、俺にどうしろって言うの?」

催事仲間の一人が言った。正直、言い方が癇にさわった。なんて冷たい奴なんだ。だけど考えてみれば、催事仲間は県外から来ている人がほとんどで、地元に被害が出ていない人ばかり。頭ではわかっていても、それ以上食堂にいる気になれず、真っ暗なホテルの部屋に戻った。

部屋の明かりは携帯電話のライトだけ。相談できる人はいなかった。ホテルの布団に包まりながら、数日前に仲間から届いた訃報を思い出していた。

「横山さん、仕事中に事故に巻きこまれて亡くなったみたいです……」

横山さんはヒップホップイベントのクルーを一緒にやっていたＤＪの先輩。自分は、どうしても線香をあげに行きたいと思ったが、最小の人員で回している仕事のため休みを取ることができず、諦めていたところだった。

思っているだけ、考えているだけでは駄目なんだ。すぐに行動しないと、絶対に後悔する。そう思うのと同時に、知り合い全員にメールを送った。

「福島県南相馬出身の大土雅宏といいます。自分の地元が地震、津波で飲まれ、これから物資や支援が必要になってくると思います。どうか力を貸して下さい。福島県南相馬鹿島出身／1980．6．17日生まれ／携帯電話番号／メールアドレス／七十七銀行口座」

携帯のメモリーに入っている人全員に、こんな内容のメールを送り続けた。寝ることも忘れ、ひたすらメールを送り続けた。

電話が繋がった何人かの仲間に「今の現状どうなっている？」と聞いても、「まだ被害状況はわからない」としか返事は来なかった。一睡もできないまま夜が明けた。

翌日の3月12日からはまた催事の仕事が始まった。だけど当然、昨日までのように、というわけにはいかなかった。

出勤前に寄ったコンビニの棚は見事なまでに空っぽだった。地震により荒れてしまった催事場の片付けをしながら聞いていたニュースからは、自分たちの生まれ育った町や、過去にライブで呼んでもらった町の情報が、次々に飛びこんでくる。

「名取市閖上地区では数十名の遺体が発見されました。地区全体が壊滅的な被害に遭っています」

瓦礫《がれき》に覆われた沿岸部の町や仙台空港の映像が映し出され、見るたびに心が締めつけられる。仲間や家族の安否が、心配で仕方がなかった。

そこにいとこから電話がかかってきた。

「桜ホールが受け入れてくれそうだって！」

地元の福島県南相馬市鹿島区の〈桜ホール〉という公共施設が避難所になっていることがわかり、物資の送り先として受け入れの許可を確認してもらうことにした。

と、その時だった。催事場に悲鳴のような声が響いた。

「何これ……ヤバいよ！」

その声の主はワンセグでニュースを見ていた人だった。駆けよって見せてもらうと、見慣れた地元の光景に、異変が起きていた。

海岸沿いの建物から、空へと舞い上がる、大きな煙。

福島第一原発1号機の水素爆発——。

唖然とした。絶望感しかなかった。どうしたらいいのかもわからなかった。電話回線が再びパンクして、どこにも繋がらなくなっていた。

3

まさか「絶対に安全」だと言われていた原発まで爆発するなんて――。

どうしたらいいのかわからないけど、立ち止まっている暇なんてなかった。

全国の仲間たちからは次々にメールが返ってきていた。救援物資を自分に託してくれるという。みんなの気持ちを絶対に無駄にしたくない。何としてでも、被災地に救援物資を届けたい。

交通手段は限られていた。高速道路は青森から東京まで約800キロが通行止め。新幹線も緊急停止したまま、運転再開のメドは立っていない。

「なんとか下道で辿り着くしかないな……」

朝イチで近所のガソリンスタンドを廻った。どのスタンドでも「緊急車両のみの給油になっておりますので、申し訳ありません」と給油を断られてしまった。

近所のガソリンスタンドは、あと残り一軒。ここが駄目なら、もう打つ手がない。

そこに到着した頃にはすでに、スタンドの前に数台の車が並んでいた。そして案の定、看板には〝緊急車両優先〟の文字が……。でもこの時、あるアイデアが頭にひらめいていた。

「レギュラーガソリンは10リットルまでしか給油できないんですけど……」

「軽油でも10リットルまでですか？」

「軽油？」

店員さんが聞き返してきた。自分が乗っていたのはディーゼル車のエルグランドだった。その時、奥から出てきた年配の店員さんが、自分の車のナンバーをちらっと見て、「軽油なら満タンでいいよ！　困ってる時はお互い様！」と言ってくれた。先輩から譲ってもらった古いエルグランドの、福島ナンバーが功を奏したようだ。これで携帯の充電もできるし、ラジオも聞ける。ひとまずはなんとかなる。

ホテルに戻って荷物を積み込む。出発のついでに大阪出身の催事仲間を青森空港へ送ることになった。

「大圡君、とりあえず行く言うても、ガソリンもないわ、高速も止まってるわの状態でどないすんの？」

「軽油車なんで、動きながら考えます。とりあえず秋田のヒップホップ仲間のところに行って盛岡にいる別の仲間と合流して、南下して行きます」

「まぁウチらも飛行機のチケット取れるかわからんけどな。そっちはもっと大変やなぁ。

おやつ de ハッピー
お酒コーナー

給油整理券
必要です

登録(車両)番号

日産
レンタカー
NISSAN RENT A CAR
NISSAN

がんばってな！」

空港で仲間と別れると、ナビを秋田にセットした。高速は通行止め、下道しかない。到着予定時間は4時間後。長い旅になりそうだ。

ガソリンの残量を気にしながら車を走らせる。南下する間にも全国の仲間からの支援物資がどんどん集まって来ていた。この間にmixiでコミュニティを作った。中継地点として一時的に物資を置かせてもらえる場所の交渉をするためだ。コミュニティ名はとりあえず〈BOND & JUSTICE〉とした。

激励の電話をくれる人もいた。

「大玉の口座にAVALANCHEからとHOOD SOUNDからお金入れておいたから。使い方はお前に任せるからさ、がんばれよ！」

励ましてくれたのは、DS455のKayzabroさん。有名なアーティストなのに、気さくで優しい先輩だ。

「はい、がんばります！　とりあえずガソリンと物資をみんなに……」と言いかけたその瞬間、ラジオから流れてきたニュースに耳を疑った。

「速報です。福島第一原発1号機の水素爆発に続き、3号機の建屋が爆発した模様です。

詳細がわかり次第、また続報でお伝えします」

この時はまだ、父ちゃんや姉一家とは連絡が取れていなかった。

「みんなどうしているだろう……お願いだから生きていてくれ！」そう心の中で願いながら車を走らせた。ようやく秋田まで辿り着くと、待ち合わせ場所にはすでにタクヤさんが待っていてくれた。

「大玉君ゴメン！　こっちでも携行缶が売り切れで、ガソリン買うの無理だった……。その代わりじゃねえけど、これエイトから預かってきた手紙と物資！」

エイトとはタクヤさんの息子さんのことだ。仙台でヒップホップクルーのマネージャーをしていた自分にとって、秋田は初めて県外のイベントに呼んでもらった特別な場所。イベントには必ず顔を出してくれるタクヤさんに、当時小学生のエイトはいつも付いてきていた。

「預かりますね。ありがとうございます」

「なんも、なんも。大玉君、いってらっしゃい！」

タクヤさんは笑顔で送り出してくれた。秋田弁の「なんも、なんも」は、「大丈夫だよ、気にすることないよ」という意味で、タクヤさんの口グセ。これを聞くと自分はいつも元気が出る。

「これからどうなるかわかんないスけど、頑張ってきます！」

手を振ってアクセルを踏む。暮れかけた空の下を、エルグランドはまた走り出した。

4

「大ちゃん、福島が大変なことになっとるね！」

秋田と岩手の県境の辺りで拾った百《ひゃく》ちゃんは、助手席に乗り込むなり、そう言った。

百ちゃんは福岡のラッパーで、SHITAKILI IXというハードコアなクルーの出身。イベント出店を手伝ってもらったり、一時期は一緒に住んでいたこともある。

「原発爆発したから、もう住めなくなると？」

「わっかんねえ。とりあえず行ってみるしかねえ」

そんなことを話しながら、今度は山形の酒田市に住むローライダー仲間の堤君に、「今から酒田に行くから、もし夜遅くなるようだったら仮眠させてほしい」と連絡する。そろそろガソリンもヤバい。休憩地点がほしかった。

酒田市に着いたのは、たしか夜の10時近くだったと思う。

堤君と合流して事情を説明すると「持って行ってください」と、米30キロとトラクター用の軽油を分けてくれた。ありがたい。近くの居酒屋でここまでの話をした。生ビールを一杯。疲労はピークに達していた。とりあえず今日は眠ろうと、堤君の家に向かおうとした時、「原発爆発して今後どうなるかわからんけん、少しでも南下しておいた方がいいよ。俺が運転するから大圡は助手席で寝てればいい」と百ちゃんが言った。居酒屋でもそのことを考えてくれていたのだろう、百ちゃんはソフトドリンクしか頼んでなかった。

運転を百ちゃんにお願いして出発することにした。酒田から福島への山越えをして、夜中の国道を福島方面へ向かう。百ちゃんには申し訳ないが、助手席で爆睡させてもらった。

目を覚ますと、山形と福島の県境辺りの駐車場にいた。隣で百ちゃんも仮眠を取っていた。朝方のフロントガラスには小雨が降り注ぎ、雨つぶがワイパーを伝っていた。

「これが放射能の雨じゃないといいな……」という不安が胸をかすめたが、百ちゃんと運転を代わり車を走らせる。

福島県に入ると、ガソリンスタンドの周りに長蛇の列ができていた。どのガソリンスタンドにも何百メートルもの行列ができている。中には灯油タンクを片手に凍えている人の姿も見えた。これまで走ってきた青森や秋田、山形の状況とは全然違う異様な光景だった。

「昨日の原発事故で、余計ガソリンが買えなくなったみたいやね……」

目をこすりながら、隣で百ちゃんがつぶやく。

福島市から更に南下し、物資拠点になっている宇都宮の仲間の〈オールスター〉という洋服屋さんを目指していると、郡山に入る頃に携帯が鳴った。

『父』——。

液晶の文字が、目に飛び込んできた。

「父ちゃん？　父ちゃんか⁉　大丈夫か⁉」

興奮状態で、つい大声になる。

「おう、元気だ。生きてるぞ（笑）。今ガソリン探して、開成山公園の近くにいる。雅宏はどこいる？」

「え？　開成山公園って郡山の⁉」

また大きな声を出していた。地元の南相馬から郡山まで約80キロ、車で2時間はかかる。だけど開成山公園は、自分たちが今いる場所からたった10分ほどの距離。そんな場所にたまたま父ちゃんがいる！　奇跡だ。

「何したの〜！　俺もすげえ近くにいるよ！　物資渡すから待ち合わせすっぺ！」

まさか、このタイミングで家族に会えるとは思ってもみなかったことだ。

公園には懐かしい顔ぶれが待っていてくれた。父ちゃんだけでなく、姉ちゃん家族まで一緒に自分を迎えてくれた。看護師である姉と原発作業員の義兄は、震災直後すぐさま避難が必要と判断して、近くに住む父親と一緒にここまで来たらしい。自分は、今後どうするつもりかを伝えた。

今になって思い返してみれば、再会からわずか10分間くらいのやり取りだったと思う。

「全国からみんなが救援物資を俺に預けてくれていて、仲間が宇都宮や横浜で待ってる。こんな状況だからどうなるかわかんねえけど、とりあえずやってみるよ」

「おう、行ってこい」

自分たちの明日だって見えないのに、二つ返事で背中を押してくれる父ちゃん……。ちょっと泣きそうになったけど、恥ずかしいから「これ持ってって！」と、車に積んでいた救援物資を渡した。姉ちゃんの子供のリクには、「これはお前と同じ歳くらいの、秋田の友達からの応援の手紙だから持っとけ」と、エイトの手紙を手に握らせた。

次はまたいつ家族と会えるかわからない。それでも仲間の〝想い〟を無駄にはできない。

行けるとこまで行くしかない。

途中、原発事故の影響で福島のいわき市から避難していた彫り師の布袋君を乗せて、4号線を宇都宮方面に車を走らせた。その最中、東京のクラブ仲間のカズキ君から「会津の先輩が物資を持って福島に向かってるんですけど、ガソリンがなくなりそうなんで託していいですか？　会津が地元の先輩なんで！」という電話を受け、もちろんそれを引き受けた。白河市で物資を受け取り、宇都宮へと急ぐ。

「え？　車にもそんな積んでるの？　こっちも救援物資が全国から届いて、もう店に入り切れないよ！」

宇都宮の物資拠点〈オールスター〉に到着すると、仲間たちが嬉しい悲鳴をあげていた。全国から寄せられた救援物資のダンボールは、店の外にまで積んである。どうにかしてみんなの〝想い〟を被災地に届けるんだ！

と、そこにお店の上の階に入っている風俗店のおばちゃんがお店をのぞきにきた。

「福島の人かい？　よかったらうちの部屋使って！　お風呂も入ってっていいわよ」

おばちゃんは「困った時はお互い様でしょ」と言いながら、部屋に案内してくれた。お言葉に甘え、3日ぶりの湯船にありつくことができた。少し仮眠させてもらおうと思ったが、携帯をチェックするとメッセージと問い合わせが何十件も届いていた。

明日は仲間が物資を集めてくれている横浜のクラブに向かう。一通りの返信を終え、ようやく一息。久しぶりに布団で眠りについた。

5

夜中の3時頃、地元相馬のツレからの電話で起こされた。震災で嫁と子供の住んでいた家が津波で飲まれてしまった仲間の道治だ。

「子供たちの安全を考えて、とりあえず名古屋まで避難することにしたよ」

仕方のないことだった。道治には子供が3人もいる。原発が二度も爆発して、仲間が遠くに避難して行く……。誰がこんな事態を想定できただろう？　ラジオから流れてくる政府の発表は、「ただちに人体に影響はありません」と言うだけ。福島人にとって何の助けにもならないどころか、何の慰めにもならない。

政府は何をやってるんだ？

福島はどうなってるんだ？

苛立ちが隠せなかった。だけど俺は地元に残ってやることがある。相馬のツレの道治からは昨夜、もうひとつショックなニュースが届いていた。

「誠の遺体をケイシンが見つけたらしいんだ。海からだいぶ離れた田んぼの中で……」

誠は高校時代からのツレで、漁師をやりながら消防団に入っていた。責任感の強いあいつは、地域住民に呼びかけ駆け回っている最中に津波に飲まれたという話だった。


眠れぬまま朝を迎え、宇都宮を出発した。郡山から一緒に来た彫師の布袋君は、今後の事態を考えて宇都宮に残ることになった。

「いわきのスタジオを物資の拠点にすることにしたよ。俺は俺で、こっちでやれることをやる。大圡ちゃんも気をつけて！」

仲間の気持ちも乗せて、エルグランドをまた走らせる。

高速を使えば3時間半で着くはずの横浜までの移動時間は、下道では倍以上かかる。車内では百ちゃんが「ホールボディカウンターの検査はできないか？」という電話を保健所にしてくれていた。

横浜に向かう車の中、先輩のグラフィティアーティスト、ACCのTOMI-Eさんに連絡をした。BOND & JUSTICEのロゴのお願いをするためだ。

mixiのコミュニティ名にもしたBOND & JUSTICEという名前は、日本語に訳すと〝絆〟と〝義〟。

「その背景に、日の丸をデザインしてほしいんです」

「いいね。大玉らしくていいよ。すぐ描いて送るよ」

TOMI-Eさんは快く引き受けてくれた。自分にとって日の丸は、〝日本〟であり〝希望の光〟。これは絶対に入れたい絵柄だったんだ。

横浜に着いた時には、もう陽はすっかり暮れていた。

クラブ〈ベイサイド〉に着いて、思わず絶句した。大ホール一面に集まった救援物資は、自分が到着した3月16日時点で、すでに25トンを超えていた。きちんと物資分けリストに数まで書かれている。

横浜の先輩・武志さんや、同級生のイベントオーガナイザー・MASSTUCKERを中心に物資を集め、40人ほどのヒップホップ関係の仲間たちが集まって仕分け作業をしている。聞けば、翌週にはこのクラブからすべての物資を移動しないといけないらしい。自分も作業に加わりながら、集まってくれた人たちと話す。千葉の先輩のFUさんや、いわき市のたかしさんなどの顔見知りもいたけど、日本初のヒップホップレーベル〈FUTURE SHOCK〉のブルヤスさんや、ブルヤスさんのお友達の用賀のマコトさんなんかは初対面。とにかくよく喋る先輩方で、この時は2人が後にBOND & JUSTICEに加わり、大きな力になってくれるなんて思ってもみなかった。人の縁っていうのは不思議なもんだ。

夜通し作業をして、みんなの体力が尽き果てた頃、ようやくその日の作業を終えることになった。正直、移動の疲れもあって自分はへとへとだったから、「助かった……」と思った。

「ひどい顔してんじゃん。とりあえず俺ん家に来て休みなよ」

そう言ってくれたのはブルヤスさんだった。お言葉に甘えることにして、用賀のお宅へお邪魔した頃には、空は明るくなりかけていた。いただいたビールに口をつけ、いつの間にか自分は、ここに来るまでの経緯を話し始めていた。

青森から、ここまで来るまでの話。

地元の相馬が、津波に飲まれた話。

原発が爆発し、仲間が避難した話。

そして、仲間が死んだ話。

堰《せき》を切ったように喋り続けた。泣きながら、何度もつっかえながら。一度あふれ出した

ベイサイドの倉庫と
集まってくれた仲間たち

東北関東大震災支援隊本部
BOND & JUSTICE

涙は、止めようとしても止まらなかった。

と、その時だった。携帯が鳴った。

「雅宏、やっと桜井市長に電話繋がったよ！」

福島の叔母からだった。地元の南相馬市の桜井市長は、「原発から30キロ地点で道路が分断されて、物流が断絶しています。残された数万人の市民に救援物資が届かない」とYouTube上で窮状を訴えていたが、自分は集まった物資をどうにかして届けようと、連絡の取れる方法を叔母に調べてもらっていた。

教えてもらった番号にすぐに電話をかけた。

6

「初めまして。自分は鹿島町出身の30歳、大玉雅宏といいます」

電話の向こうの桜井市長に、思わずまくしたてるように喋っていた。

「今から物資を届けに行きたいんですが、受け入れ態勢はどうなっているでしょうか？南相馬の現状を見て物資を送ろうとしましたが、原発が爆発して運送会社も対応できない状態で、今の現状で可能な方法はありますか？」

「桜井です。初めまして」

桜井市長の声は冷静だった。

「現状としては今、南相馬は陸の孤島状態になっております。物資も不足しているのに、国から最初に届いた物資は、なんと〝棺桶〟でした。一般車が外から入ることは難しいですが、こちらから出ることは可能なので、トラックを手配して物資を引き取りに向かわせます」

「よっしゃ！　これで何とか、南相馬に物資を届ける流れができた！」

心の中でガッツポーズをした。

すぐに横浜で物資移動の段取りを始めた。クラブ〈ベイサイド〉に集まった物資の量は、約25トン。この大量の物資をどうやって宇都宮の拠点まで運ぶのか？　ごちゃごちゃ考えていても仕方ない。自分たちで行くしかない。

「福島と東北に物資を届けに向かおう」

みんなに提案すると、急に百ちゃんが口をとがらせた。

「福島？　今の状況で行くことがどれだけ無謀かわかんねえか？　原発爆発してんだぞ？」

「んなこと言ったって、地元で物資が足りてねえで、みんなが腹空かせてんだよ」

「放射能浴びちまったら、支援もクソもねえだろ」

感情がどんどんヒートアップしていく自分と百ちゃんを、「まあまあ」「揉めてる場合じゃねえだろ」とブルヤスさんとマコトさんが止めに入ってくれた。

冷静になって考えたら、百ちゃんの言うことも一理あった。まだ原発事故後の状況が何もわからない状態で、自分だけならまだしも、みんなを危険にさらすわけにはいかない。

「わかったよ。直接福島には入らず、ひとまず宮城に向かおう」

物資を車に積んでいるうちに、桜井市長が手配してくれたトラックが南相馬からやってきた。横浜のDJ FILLMOREとEXTRIDE、そして宇都宮の仲間たちも集まってきて荷物の積み込みを手伝ってくれた。トラックは物資を載せて南相馬に戻って行った。

さあ次は自分たちの番だ。車にブルヤスさんやマコトさんFUさんを乗せ、宇都宮の倉庫に向かうことになった。情報共有のために立ち上げたmixi内のコミュニティBOND & JUSTICEの参加者は、すでにこの1週間で2000人ほどに増えていた。物資拠点も、関東圏を中心に北海道や静岡や福井など各地に増えていった。

全国から続々と、物資と想いが集まって来る——。

宇都宮に着くとすでに、山梨からレゲエ&ヒップホップのVEGA-Tさん、名古屋からローライダーショップを経営するヒップホップ・プロデューサーの郷農さん、大阪からカエルスタジオの麻苧さん、あとクラブ仲間のサイケの和樹君が仲間を連れて集まってくれていた。

「被災地も福島もどうなってるかわかんねえけど、とりあえず行くしかねえべ」

「高速の緊急車両の許可の取り方も、知り合いに教えてもらったからよ」

倉庫でも余震がひっきりなしに続く。でもこんな時だってのに、みんな元気に笑っている。どこかハイテンションになってるところはあるけど、頼もしい仲間たちだ。

物資をそれぞれのトラックに積みこむと、自分たちは宇都宮を後にし、東北道を走った。他に走っている車両は、自衛隊や消防、警察ばかり。一般車はほとんど見かけない。

突然の段差で「ガッタン！」と、頭が天井に付くくらい車体が浮き上がる。東北へ向かう道路は未だ割れたまま舗装されていない箇所が多く、注意して運転しないと荷台の物資が散らばってしまう。ナビで確かめると、到着予定時間は夜中。名取市の洋服屋さん〈WILD WEST DAYS〉の竹田社長に連絡して、朝になるまで駐車場で待機させてもらえるよう了承を取った。

「でも大土君、被災地には窃盗団が出るって噂があるから気をつけろよ」

被災地に窃盗団？　訳がわからなかった。

宮城インターを降り、4号線で名取市を走っていると、道路脇の立て看板が目に入った。

『空港ボウル／死体安置所』。

ボウリング場が安置所になっている。心臓が冷たくなり、一気に〝被災〟という現実に引きこまれた。駐車場に着き、貴重なガソリンを少しでも節約するためエンジンを切ると、竹田社長が店の入り口に置いてくれた塩おにぎりをほおばった。「国から最初に届いた物資は、棺桶でした」という南相馬の桜井市長の言葉が頭にフラッシュバックしていた。塩おにぎりを噛みしめる口の中が、余計にしょっぱくなっていった。自分の力じゃどうしようもないことだってわかってるのに、悔しくて、悲しくて、自分はまた泣いていた。

7

一晩休ませてもらった名取市の駐車場から、朝方3台のトラックで出発した。ゆっくりしている時間はない。目指したのは東松島の市役所。被災地にすでに入っていたマコトさ

物資の中継地点の宇都宮の倉庫と 10 トントラック。
全国から仲間たちが駆けつけ、物資を積み込み被災地へと向かった。

んの同級生が紹介してくれたからだ。

沿岸部を1時間ほど走ると、見慣れた景色は津波に襲われ一変していた。田んぼが川になり、乗り捨てられた車や瓦礫が山積みになっている——。

市役所に着き、担当の方と話すと、「石巻市内の方が被害が酷いので、そちらに物資を届けてはどうでしょう」と逆に提案された。

「え、向こうはこれより酷い状況なの……？」

石巻は、自分がヒップホップクルー・LGYのマネージャーをしていた時代に、コミュニティラジオをやっていたことがあり土地勘もあった。メンバーのHIROの地元でもある。向かう前から心拍数が上がる。

役所で教えられた石巻の日和山の避難所に向かう道中、川沿いを走っている時だった。渋滞につかまり、信号が青に変わってもなかなか前に進まない。「ようやく進んだ」とホッとしたのも束の間、目の前に広がる光景に自分の目を疑った。

道端には何十台もの車がドミノ倒しのように乗り上げ、道路まで迫り出している——。

これが渋滞の理由だった。

「車で避難してる最中に、津波が来たんだな……」

後部座席でマコトさんがつぶやいた。

「これが津波の爪痕なのか……！」

石巻は、高台を除くほぼ全域が大津波に襲われ、２０００人以上の方が亡くなるという甚大な被害が出たことは、ニュースで見て知ってはいた。でもメディアで見るのと実際に目にするのとでは全然違う。津波に流された車があちこちに転がり、道路には流れてきた丸太が突き刺さり、路面にはヘドロが溜まっている。まだメディアでは報じられていない現実がそこにあった。

ようやく日和山にたどり着き、高台に登っていくと、右手に避難所になっている市立石巻中学校が見えた。瓦礫が散乱する入口には被災した人たちによる長蛇の列。その脇を進んで行くとそれは、水を求め給水車に並んでいる列なのだとわかった。電気どころか、水道もまだ復旧していないのか。

正面玄関にトラックを着け、荷物を降ろそうと、荷台のシートを固定していたゴムをみんなで外した。

と、そこに「ねえ、あんたたち、何の物資持って来たのよ⁉　ちゃんとダンボールに書いた⁉」と50代くらいのおばちゃんが、ものすごい勢いで怒鳴ってきた。胸に貼られたガ

ムテープには、マジックで〈リーダー〉と書いてあった。初めての避難所で、初めての緊張を感じた。

「書いてないので……口で説明します」

「責めてる訳じゃないの。物資を持ってきてくれるのは助かるけど、いちいちダンボールを開けて中を確かめなきゃいけないの、被災者にとっては負担になるの」

何も言えなかった。今まで自分は、避難所で支援活動をした経験がない。ボランティア活動をしたことも、一度もない。そんな中始めた支援活動。色んなことが起こるんだと実感した。一緒に来ているメンバーも、音楽を通しての繋がりはあったけど、言ってみれば急造チーム。一応自分がリーダー的な役割だけど、周りはほとんどが年上で、被災地に入り緊張感が高まったのか、メンバーの口調もきつめになっていた。

「だから気をつけろって言ったじゃん！　どうすんだよ？」

物資を降ろし終えると、4トントラックのタイヤがパンクしていた。みんな明らかにイラついてる。避難所の担当の方に「下に自動車学校があるから、聞いてみればなんとかなるんじゃないかな」と教えてもらい、中学校を後にした。

去り際、校舎の窓ガラスに貼り紙が見えた。

「卒業式まで、あと1日」

胸がまた締めつけられる。

自動車学校で事情を説明すると、快くタイヤ交換を手伝ってくれたけど、「支援に来て迷惑をかけてどうすんだよ俺……」とまた落ち込んだ。

「ここは指定の避難所になってないので、物資が全然届かないんです。トイレットペーパーも残りあと2個で……」

タイヤ交換を手伝ってくれた自動車学校の職員さんが、言いにくそうに現状を話してくれた。視線はトラックの荷台に向いていた。石巻中学校に全部の物資を置いてきてしまい、荷台はすでに空になっていた。

「すぐにまた物資積んで戻ってきます!」

初めての支援活動は失敗続きだった。でもこれも経験だ。学びもあった。指定の避難所と指定外の避難所があることを知った。被災地は情報と物資がまったく足りていない。次への課題も見えた。

自分を叱咤しながら車に乗りこみ、ハンドルをぎゅっと握りしめる。

業式までであと1日

8

「絶対、すぐにまた石巻に戻る」

そう決意して宇都宮の倉庫に戻ったけど、やらなきゃいけないことは山積みだった。必要な物資の確認や、全国で集めている物資の運搬手配などに追われる毎日。そのうえ、物資拠点として借りていた倉庫に仮設住宅の資材を入れることになり、別の倉庫を探さなければいけなくなった。自分がマネージャーをやっていたアーティストLGYのメンバーRYOの繋がりから、宮城県名取市の倉庫を借りられることになったけど、その物資を移動するのにも時間がかかった。

横浜では、仲間たちが〈ベイサイド〉から車で何往復もして物資を運んでくれたり、ガソリンを並んで調達してくれたり、みんなの想いがどんどん倉庫に集結してくる。

「行政からの声より、避難所や地域の方からの直接の声を聞きながら支援していこう」

そんな共通認識も、チームの中にでき上がってきていた。というのも、震災からまだ2週間も経っていない被災地では、行政の支援の手が行き届かない民間避難所がいっぱいあったのだ。そのうえ自宅避難してる人々の声も、地元で聞き取りをしていると多数あがってくる。避難所の外にも困っている人々が大勢いるのだ。

沢山の想いが行動を生み、被災地の想いを届ける。そう思い行動していても、障壁はいっぱいあった。石巻の避難所に入ってみて感じたことは、「必要な物資を届けるための、鮮度のある情報収集の重要性」と「行政指定の避難所の数をはるかに上回る、民間避難所の数、それを把握する必要性」だ。そして日々膨らんでいく、被災者の人々の先行きが見えない不安。単に物資を運ぶだけじゃなく、被災者たちの心のケアもしていかないといけないし、絶対にやっていきたいと思った。

石巻から戻って来て3日後、再び石巻に向けて出発することになった。ガタガタの東北道を走り、石巻に到着。自動車学校の避難所に、約束していた物資を届けることができた。その後、自分は避難所の状況の聞き取りを開始。同行していたアーティストのVEGA-TさんとカメラマンのFUMI君チームは、「避難所がどうなっているか確認してくるよ」と北上川方面を回ってくれた。

BOND & JUSTICEチーム内には、自然と役割分担ができ上がってきていた。自分の役割は、避難所とのやり取りや必要物資の確認、担当者との連絡先の交換や今後のスケジュール調整。他のメンバーは、物資の足りない避難所の視察。

そんな中、仲間のお父さんから「気仙沼の松岩公民館の物資が足りていない」という情報が入ってきた。さっそく担当者に連絡を取り、支援物資を積んで気仙沼に向かうことにした。高速道路が通っていない気仙沼に行くには、名取市からは南三陸町を抜けて行くルートが一番早かった。とは言え3時間はかかる。宮城の沿岸部はリアス式海岸なので、山を抜けると海が広がり、また山が始まり、また海沿いという繰り返しが延々と続く。

集落がまばらにある、山間《やまあい》の国道を走っている時だった。

「何これ？」

道端に布団やタンスなんかが散らばっていた。進んでいくと、家屋の木材や流された丸太も転がっている。

「津波？」

「え？　この辺、山だろ？」

頭の中いっぱいに浮かび上がったはてなマークは、丘を越えたその瞬間に消えた。眼下に広がる光景に、自分たちは絶句した。

それは、この世の果てのような光景だった。１８０度、地平の向こうまで積み重なった瓦礫。一本の道路だけを残し、街が丸ごと壊滅していた。どこまでも続く瓦礫の先には、海沿いに建つコンクリートの建物が見えた。オレンジ色の鉄骨だけを残しスケルトンになったその建物が、南三陸町の防災庁舎だと後で知った。

津波被害が甚大だった南三陸町のことは、皆さんもニュースなどで見たことがあるかもしれない。一番遠い場所では、海から約6キロも離れた地点まで津波が押し寄せてきたという。防災庁舎は、津波の襲来直前まで防災無線で避難を呼びかけ続けた女性職員の方が亡くなった場所でもあった。

「なんか……むごいな」

後部座席で誰かがつぶやいた。自分は何も言えなかった。心が押しつぶされそうだった。

その場所を無言のまま通り過ぎ、カーブを曲がって沿岸部に差し掛かろうとした瞬間だった。

「あ、牛っ!」

助手席のマコトさんが大きな声を上げた。

「え?」

「あそこ!　ほら、牛いる!」

山の裾野まで下りてきた一頭の牛が立ち止まり、じっとこっちを見ていた。おかしな話だけど、なんだかそれは、アスファルトに咲く一輪の花を見つけたような気分だった。

「がんばれよ！」

「生きろよー！」

その牛に向けて、みんな口々に叫んでいた。

人間が住めなくなったこんな場所でも、あの牛が生き延びている。生命力ってすごい。だけど自分の力で逃げられる人間と違って、牛や動物は不安で仕方なかっただろうな。ひとりでずっと寂しかったから、こっちを見てたのかもしれない。

「この景色、写真に撮らせてほしいんだけど」

同乗していたライターのユーリ君が言うので、仮設橋がある所で車を止めた。

海側の防波堤もぐちゃぐちゃになっている。橋も流され、分断された場所から川を覗き込むと、青い魚の群れが泳いでいた。

「あの魚、右側怪我してない？」

「他の魚も怪我してるよ……」

身体を寄せ合って、魚たちは汚れた川を泳いでいた。あの津波を受けても、たとえ傷ついても、動物たちは生きている。人間だけじゃない。動物だってみんな、寄り添って生きている。俺たちも、できることを頑張ろう。

避難所の人たちが待っている気仙沼に向けて、アクセルを踏みこんだ。

9

気仙沼市街に着くと、車内はまた沈黙に包まれた。

「ここもすげえな……」

気仙沼は宮城県最北部の沿岸部にある。海の見えない山間の集落まで津波が押し寄せ、被害は甚大だった。海岸線から数百メートル離れた場所には、漁港から流された大型船が横転している。さっき通った南三陸町と同じように瓦礫が一面に広がる風景の中を走り、高台にある松岩公民館にたどり着いた。

「BOND & JUSTICE の大土雅宏といいます。救援物資を届けに来ました！」

まず執務室のような部屋へと、避難所のリーダーの男性に挨拶に行く。

この避難所に来ることができたのは、公民館に物資が足りないことを気仙沼の友達が教えてくれたのがきっかけだ。気仙沼の実家のお父さんを通して、地域の方と話をつけてくれたのだ。

「今困っていること、必要な物はないですか？」

「食料などの物資は、1週間前よりは集まって来ているんですが……一番困ってるのは洗濯なんです。この公民館には洗濯機がなくて」

「わかりました。すぐ手配してみます」

二つ返事で名取市の拠点にいる仲間に連絡した。来る途中、公民館の丘を下った低地にある川で、洗濯をしているらしい人の背中が目に入った。名取の物資拠点にいる仲間に連絡すると、運よく洗濯機を譲ってくれる人がすぐに見つかり、次回の訪問時に運ぶことになった。

まだ震災から2週間あまり。避難所から市町村の役場にお願いしても、行政も手が回らず、できることとできないことがある。そのカバーを民間人である自分たちがする。被災地を巡っていると、「こんな簡単なことなのに、どうして支援の手が届かないのか?」と、もどかしさを感じる瞬間が多々あるけど、「行政批判をするより前に、自分たちにできることをやっていこう」というのがBOND & JUSTICEの基本方針になった。

ある日、気仙沼市役所に出向いて他の避難所の状況を教えてもらいに行っていたDJ MAMBOWさんとタカヒコが戻ってきた。2人ともなぜかカンカンで、チームのみんなへ怒りをまくし立てる。

「信じられるかよ？　担当者に『他の避難所の状況はどうなってますか？』って聞いたら、『教えられません』って断られたんだけど」

「しかもその理由がよぉ、『顔が怪しいので』だぞ？　ふざけてんのかよ」

本気でキレてる2人が可笑しくて、他のメンバーはみんな腹を抱えて爆笑。自分もつい噴き出してしまった。

「まあまあ落ち着いて。トイレで鏡見てきな（笑）」

「どっから見ても怪しいべ（笑）」

ヒップホップ出身の自分たちは、一般的には印象が良いとは言えないルックスをしている。いや、どっからどう見てもお上品には見えないことはわかっている。東北が震災で大変なことになり、いても立ってもいられず、自分の仕事も放り出して支援活動に来てるけど、熱さだけで突っ走ってしまうこともしばしば。

特に気仙沼は津波の後に火災の被害もあり、流された銀行のＡＴＭが荒らされるなど、火事場泥棒も多発していた。市役所としても、外部からやってくる人間に対して用心深くなっていた時期なんだと思う。「顔が怪しいので」は、いくらなんでも失礼だと思うけど(笑)。でもそんなヤンチャな自分たちを、気仙沼の避難所の皆さんは受け入れてくれた。

「本当に助かりました。ぜひまた来てください!」

そう、松岩公民館はBOND & JUSTICEにとって、初めて長期的に関わることになる避難所になったのだ。

10

松岩公民館で避難者の人たちが暮らしていたのは、バスケットコート2面分ほどの体育館だった。隙間なく布団が敷かれ、1世帯あたり畳2、3畳ほどのスペースを段ボールで仕切って生活していた。ざっと見ても避難者の数は100人以上。体育館に収まるはずはなく、外にはみ出している人たちもいる。おじいちゃんやおばあちゃんたちの顔には、疲れ果てた表情が浮かんでいた。

「キャッ! また地震!」

仕切りの間を走り回って遊んでいた子供が、頭を抱えてしゃがみ込んだ。見上げると、天井の照明がぶらんぶらんと大きく揺れている。2週間経ってからもこのような余震が連日何度も訪れていた。余震とはいえ、揺れの強い時は震度5が計測されることもある。自分も、大きな縦揺れがあった時には3．11のことがフラッシュバックした。避難者が心的ストレスを感じるのも当然だった。

「皆さん、食事はどうしているんですか？」

二度目に訪れた時、気になっていたことを避難所の管理者に聞いてみた。

「食事は調理室で3食作ってます。食材は支援物資を活用したり、被災した水産加工会社の方が提供してくれた加工品などで賄ってますね」

「調理は誰がしてるんですか？」

「避難してきてるお母さん方です。他にも地域の方々がお手伝いに来てくれたりして」

調理室に案内してもらうと、さらに驚かされた。大きな釜からもうもうと湯気が上がる中、10人以上のお母さんたちが忙しく立ち働いてる。しかも「カワムラさん、味噌汁できた？」「はーい、今すぐ！」なんて、手だけじゃなく口も動かしまくりながら。すごい活気！

非常時の女の人は強い。文句ひとつ言わず、ではなく口々に文句を言い合いながらテキパキと働いているその姿が、とても頼もしかった。

翌朝も、まだ外が暗い時間から数名のお母さんたちが全員分の食事を作っていた。中でも一番動きの良いお母さんは、松岩公民館館長の奥さんだった。

「うちは自宅が何とか大丈夫だったので『何か自分のできることを』って思って、食事のお手伝いをしてるのよ」

体育館ではその美味しい食事を、子供たちが首を長くして待っていた。プラスチック皿や紙皿に盛りつけられた食事が到着すると、「いただきまーす！」と手を合わせてからモリモリと食べる。食後には「ごちそうさま！」とまた手を合わせ、自分で調理室まで食器を運んで片付けを手伝っていた。

「いただきます」と「ごちそうさま」。子供たちから聞こえたそんな普通の言葉が、やけにリアルに、そして暖かく感じた。〝非日常の中での日常の大事さ〟と、〝避難生活中の食の重要性〟が身に染みた出来事だった。

避難所の子供たちから、他にも学ばせてもらったことがある。子供たちは遊んでいるだけじゃなく、中学生の子が小学校低学年の子供たちに勉強を教えたり、本の読み聞かせをしたりしていた。その姿が、自分の目には「避難所」という名の大きな家族のようにも見えた。

そして先の見えない不安に大人たちの心が沈んでいる中、いつも元気な子供たちの笑顔は、避難所で唯一の〝希望〟だった。

松岩公民館では、本当に沢山の人たちと沢山の話をした。その中で特に印象に残っている人たちがいる。一人目は、避難者の〈テレビおじさん〉。

体育館の物資置き場になっている場所には、共有テレビとストーブが置いてあるスペースがあった。〝憩いの場〟として機能しているようで、いつも高齢者の方が暖を取ってテレビを眺めていた。ある昼下がり、60代後半のおじさんが画面に向かって突然叫び始めた。

「テレビの中で流れてることがドラマじゃねえ！　今ここで起こってることがドラマなんだ！」

そう言い終えると、フッと悲しそうな表情をしてうつむいた。まさか自分の町が、自分の家が、家族や友人が津波に飲まれ、避難所生活を強いられることになるとは……。おじさんの言葉には、そんな悲しみや悔しさが込められているように思えた。

二人目は、避難所を初めて訪れた時にトラックからダンボールを降ろしていた時、隣にいた人。その人は自分たちと同じく被災地支援に来ている50代のおじさんで、1995年に起きた阪神淡路大震災の被災者だという。

「中越沖地震の時も来たんやで。阪神の時は、東北や中越の人たちに沢山助けてもらったからな。あの時は助けてもらうばっかりやったけど、今こうして恩返しに来れてることにむしろ感謝や。兄《あん》ちゃんは福島出身か。頑張れな。絶対大丈夫やから。希望を持ち続けていれば、東北だって絶対に復興できる。神戸や大阪を見てきたワシが保証する」

贈り物のようなこの言葉を、心が挫けそうになる度に思い出している。

三人目は、公民館から名取市の基地に戻る時に、自分たちに声をかけてきたおじさん。

「おい、兄ちゃんたちよ」

その人は60代前半くらいでけっこうコワモテの雰囲気。顔に見覚えはあったけど、一度も言葉を交わしたことはなかった。

「お前ら、酒飲めるのか?」

「はい。ばんばん飲みますよ」

笑顔でそう答えると、おじさんのコワモテの顔もクシャっと笑顔になって、茶色い瓶を渡してきた。

「ほれ、これ持ってけ。封は開けてねえから大丈夫だ」

泥で汚れたラベルから何とか読み取れた文字は「V.S.O.P」。きっと津波に飲み込まれた物なのだろう。その後、おじさんの顔をどこで見たのか思い出した。夜中、車の中でこっそり酒を飲んでたおじさんだ。避難所になっている体育館では、子供もいるし迷惑になるから大っぴらに酒盛りはできない。だから酒飲みの人は、こっそり車の中で飲むしかない。このお酒はおじさんにとって、とっておきのブランデーだったのかもしれない。そう思うと、ちょっと涙が出そうになった。

「ありがとうございます！　行ってきます！」

松岩公民館から名取市の倉庫に帰る際に、いつしか自分はそう声をかけるようになっていた。

「ただいま！」

名取から気仙沼に戻ってきた時には、そう言うようになっていた。普通とは逆の、「行ってきます」と「ただいま」。子供たちに気づかされた「いただきます」と「ごちそうさま」。松岩公民館はBOND & JUSTICEの活動に大事な〝気づき〟を与えてくれた避難所だった。

松岩公民館にて

テレビおじさんとV.S.O.P.

館長夫婦とボンジャスメンバー

11

気仙沼の公民館で多くの避難者と触れ合い、軌道に乗り始めたBOND & JUSTICEの支援活動。だけど、少なからずトラブルもあった。

震災から3週間が経ち、物資拠点が横浜から栃木県の宇都宮市へ、更に宇都宮から宮城県名取市へ移動し、BOND & JUSTICEとして支援に向かえる範囲は、当初よりも広範囲になりつつあった。

3月下旬のことだった。仙台の仲間から「宮城県南部の避難所で大人用おむつが不足している」という連絡が入った。倉庫には全国の仲間が届けてくれた大人用おむつが数十箱ほどあり、さっそく避難所に向かった。

「仲間から依頼があって物資を届けに来たのですが、どこに降ろせばいいですか?」

到着すると、さっそく物資担当の席に座っていた人に確認を取った。

「うーん……あっちの方、ですかね?」

「ん? ずいぶんあやふやだな……」と思ったけど、言われた所まで行って尋ねると、

「いや、ちょっとわかんないですね。あちらの担当に聞いてもらえれば」と、今度は最初

の担当者を指差した。

彼らもボランティアで避難所に来ているのだろうということは、格好からなんとなく察してはいた。それにしても責任感がなさすぎる。しかしここでは何も言わず、大人用おむつを2袋だけ置いて、次の避難所に向かった。

ある日、この避難所で運営しているコミュニティラジオから出演依頼があり、そこで自分はこんな内容の話をさせてもらった。

「ボランティアで支援に来ているとしても、責任を持ってほしい。目の前にいる支援者の先に、避難者の方が少しでも助かる新しい支援があるかもしれない。そう思いながら、作業や対応をしてほしい」

具体的なエピソードはあえて話さなかった。その時の怒りをここで露わにしても、被災地にとって良いことは何も生まれないから。どこの避難所かも明かさない。だけど「ボランティアだから」じゃなくて、「ボランティアだからこそ」の責任を持ってほしい。物資はただのモノじゃなく、支援者が自分たちに託してくれたかけがえのない〝想い〟なのだから。

ちょうどこの頃、自分たちの活動が『週刊ＳＰＡ！』に取り上げられた。ライターの山田文大君が書いてくれた記事はこんな内容だった。

ギャングたちも負けてない。ストリートの連合体「BOND & JUSTICE」代表・大土雅宏は、福島県南相馬市出身。彼も震災の翌日から動き始めた。「東北関東大震災支援隊本部」を結成し、被災した仲間と連絡を取り合って物資を集めた。自衛隊よりも先に南相馬市に物資を運んだのは、何を隠そう彼らだ。現在まで彼らが集めた物資は、2週間で100トンを超えている。

「地元だから土地勘があるし、各所に仲間がいるので、どこの道路が通れるのか、どの避難所に何が必要なのかを聞きながら、自衛隊などでまかなえない場所に物資を運んでます。ボランティア？　支援？　そんなんじゃない。今回の地震で少なくとも仲のいいヤツが2人死んだ。3人の子供たちを残して……。だからこそ、生きている仲間やその家族、大事な人たちを助けないといけない」

自分たちの活動を広く知ってもらえるきっかけになった記事だけど、ひとつだけ語弊があるとすれば「ギャング」というところだけ。自分たちは決してギャングではない。音楽で繋がってきた仲間が、この震災をきっかけに集っただけだ。この取材の1週間後には全国に物資拠点を作り、集まった物資は130トンに達した。

少し話を戻そう。

おむつを2箱だけ置いて、宮城県の避難所を後にし、トラックで6号線を南下して行った。救援物資は他にも積んであった。6号線の先には、福島県相馬市がある。

「福島は原発の事故のせいで物流が滞っちゃって、足りねえ物資がいっぱいあるんだよ。大tm、来てくんねえか」

避難所で暮らす、地元の仲間たちからSOSが来ていた。気づけばハンドルを握る手が汗ばんでいた。震災後、初めての帰郷。町の被害状況は仲間や家族から聞いてはいた。だけど新地町まで進むと、動揺が隠せなかった。駅がぐちゃぐちゃになっている――。6号線ギリギリまで来た津波は、見慣れた町を一変させていた。新地は自分の仲間が沢山いる町だった。

他にも衝撃を受けたことはある。道治の母ちゃんが自宅避難していると聞いたので、野菜でも買っていってやろうと、新地の八百屋で野菜を品定めしていた時のことだった。

大根が一本800円。白菜も一束800円。値札を見てびっくりした。震災前と比べると4倍以上の値段だ。

「袋いっぱい買って行くつもりだったけど、軽く買って7000円か」

被災地での初めての買い物に、代金を払いつつ驚いた。

仲間の母ちゃんのとこに野菜を届けると、「大五ひさしぶり！　元気してたかぁ？　灯油買って来てけろ！」と、あいかわらず元気でちょっと安心した(笑)。浜通りの女は強い。

それから仲間たちの避難していた相馬の中村第一小学校と他の避難所にも物資を届け、その後は相馬の沿岸部、松川浦方面に車を走らせた。

コンビニ前の道路には漁船が流れ着き、松川浦の湾内には流された家が、水面から屋根の部分だけを見せて浮かんでいた。

後輩の家族が経営する〈さいはる旅館〉も瓦礫まみれになっていた。原釜の市場に車を回してみると、屋根の上に乗りあげていた漁船が、津波の高さを物語っていた。市営体育館とグラウンドがあった場所には、瓦礫の山とセメント会社の大きなタンクが数キロ先から流れ着き、原釜の仲間たちの家は跡形もなく、スーパー〈ＣＣＤ〉の前の一段低い田んぼも一面瓦礫に覆われていた。

「…………」

言葉が何も出てこなかった。

自分の生まれ育った町、BARの仕事や洋服屋をしていた町。仲間たちとサーフィンしたり、BBQしたり、アメ車やバイクで走った町。すべてが跡形もなく壊滅していた。かすかに残された面影を見つけても、切ないだけだった。

もしあの日、青森に催事の仕事で出張していなかったら？　間違いなく自分もここで津波に巻き込まれていただろう。そう思うと背筋に冷たいものが走った。

相馬港に行くと、震災前よりだいぶ少ない数にはなるが、数隻の漁船が海に浮かんでいた。相馬の漁師たちは「大津波が来る！」とわかった時、船に乗りこみ、津波めがけ全力で舵を切ったという。それは彼らが、高さ10メートルの塊のような津波を乗り越えて進み、命がけで守り抜いた漁船だった。

12

これも3月下旬のこと。携帯電話に知らない番号から一本の電話が入った。

「はじめまして。自分の娘がmixiの記事でBOND & JUSTICEの活動を知りまして、支援物資を必要としてると聞いて連絡させていただきました」

とても丁寧な口調の男性だった。聞けば、埼玉県でキリスト教系の保育園の園長をしているという。

「ありがとうございます！　物資は何になりますか？」

「飲料水18トンが入ったコンテナが3つです。韓国からの支援で我々の元に送られてきまして、それをぜひBOND & JUSTICEさんに、と思いまして……」

マジか。すごい量だ。

「あ、ありがたい話ですが、自分たちの倉庫にその物量が入るかどうか……他の物資もあるので、考えさせてもらってもいいでしょうか？」

電話を切り、仲間たちに相談すると、みんなもやはり戸惑っていた。

「18トンが3つってことは54トンだろ？　今の状況でその量は絶対に無理だと思うよ」

「倉庫が空の状況で入れたとしても、物資が水だけになっちゃうし」

「そうだよな……断ろうか」

園長さんに電話を折り返し、お詫びをした。

「やはり量が量なので、今回はお断りさせていただきます。せっかくご連絡いただいたのに、申し訳ないです」

原発事故後、何が汚染されているかもわからない状況で、直接カラダに入る水の重要性を理解してはいた。なんとかしてそれを届けたいという思いはあっても、メンバー全員が支援活動の初心者という条件の中、連日膨大な量の物資が倉庫に届けられ、それをどう効率よく避難所に届けるか、ただでさえ頭を悩ませているところだった。その上、「物資を送る際には何が入っているか表記してほしい」といくら呼びかけても、いろんなモノが混ざって届いてしまう。

石巻の避難所に最初に行ったとき、リーダーのおばちゃんから言われたことが改めて身に染みた。本当に物資の整理だけで一日が暮れてしまうのだ。

そんな時に大きな助けになったのが、女友達の存在だった。もともとは自分が仙台でクラブイベントをやっていた時に、遊びに来てくれていた女の子たち。時間を見つけては整理を手伝いに来てくれ、「ウチら仕分け女子会の名前は〈若葉会〉にしようよ！」とキャッキャと笑いながら楽しんでやってくれていた。

自分たちが物資の運搬や各地の避難所での支援活動に専念できたのは、彼女たちの支えと手際の良さがあったからだ。

支援物資は国内だけじゃなく、海外からも届けられた。

さっきも言ったみたいに、自分たちは元々ずぶの素人。ボランティアの経験もなかったし、支援関係者との繋がりもない。持っているのは情熱と、ヒップホップで繋がったストリートのコネクションのみ。だから時間を見つけてはＮＰＯやＮＧＯの会議に出席して、輪を広げていった。

この活動は、英語がペラペラで喋りが上手い、いや、上手すぎるブルヤスさんの力が大きい。２人で会議に出ると自分が福島弁で喋り、それをヤスさんがネイティブ顔負けの英語で外国人に通訳してくれた。どんな想いでBOND & JUSTICEの支援活動を続けているかを伝え、支援の繋がりを広げていった。

様々な人と知り合ったけど、その中で特に印象に残っているのが、海外ＮＧＯ団体の水島さんという女性だ。アメリカ人とのハーフの方で、会議の後、息せき切って自分たちの元に駈けつけてくれた。

「話を聞いて私、あなたたちのファンになったわ！　私にできることを支援させて。でも私が日本に滞在できるのは残り1週間しかないの。必要そうな食料を物資拠点に手配していいかしら？」

「ぜひお願いします！」

それから何日も経たないうちに携帯が鳴った。

「物資は2、3日中には届くと思うのでよろしくね。頑張りなさいよぉ。私帰っちゃうけど、遠くから応援してるから！」

なんとも豪快な女性だったが、物資の量はさらに豪快だった。米が1トン、タマネギは2トン、カップラーメン100箱で、キウイ、オレンジ、バナナが合計でダンボール150箱。トドメに冷凍の牛バラ肉と鶏肉角切りが10キロ×100箱……。

広い倉庫の三分の一がこの物資で占められてしまった。特に、2トントラックいっぱいの冷凍肉にはビビった。この量を保管できる広い冷凍庫なんて、チームの誰も知らない。みんなでほうぼう知り合いを当たって、なんとか1年間無償で大手企業の冷凍倉庫に置かせてもらえることになったけど。でもこれも支援者の皆さんが被災地を想ってくれてのこと。本当にありがたい。

だけど、自分たちの力ではどうにもできない出来事が、その後に待ち受けていた。

名取の倉庫に積まれた、玉ねぎ、米、カップラーメン、じゃがいも

最初の電話から1週間後のことだった。

「ご無沙汰してます。色々考えましたが、やっぱりどうしても大土さんに水を引き取ってほしいんです。どうにかなりませんか?」

あの埼玉の幼稚園の園長さんからだった。電話越しからでも「被災地のためになんとかしたい」という情熱が伝わってくる。これ以上、想いを無駄にはできなかった。

「わかりました。全部は無理ですが、コンテナ1台分だけ引き取らせてもらいます!」

「ありがとうございます! 手配した甲斐がありました。明日にでもそちらに向かわせますね」

翌日、18トンのコンテナを積んだトラックが名取にやってきた。引き取り確認のサインをし、荷台の扉を開けようとすると、コンテナの扉にはごついロックが付いていて開かない。

「あれ、専用カッターも持ってないんですか?」

運転手さんは他人事のように言い捨て、「いや、自分は運ぶのが仕事なんで」と手伝ってはくれない。

今まで自分はコンテナの引き取りをしたこともなく、専用カッターの存在も知らなかった。とりあえず倉庫からモンキーレンチを持って来て、バッカバッカと叩いてみるも、鍵はなかなか外れない。ようやく外れたのは、みんなで代わる代わる30分以上叩き続けた後だった。

「やっと開いたわ〜！」

ハイタッチしながら、「待望のコンテナ、オープン！」と、爆上がってしまったテンションは、扉を開けて一瞬で覚めた。コンテナの中は、目を疑いたくなるくらい荷崩れしていた。

「あーあ。海がシケてて、積み荷が崩れたんですかね。海外からだとよくあるんスよね」

また他人事のような口調の運転手にムカッとした。自分たちだって何度も何度もひび割れだらけの東北道を走っているので、酷い道路状況はわかってる。なのに「俺の仕事はコンテナを運ぶことで、荷崩れは対応外です」みたいなその態度……。

怒りを堪え、水を降ろしてもらっている間、埼玉の園長さんに電話をかけた。

「今、水を届けていただいたのですが、コンテナ内で荷崩れが起きてる状態で……」

「え、そうでしたか……」

「降ろせるところまでは降ろします。でも、それ以上は危険なので、戻させてもらっていいですか？　本当に申し訳ないです。せっかくのお気持ちを……」電話口で謝りながら、目に涙が滲んできていた。

〝がんばれ日本！　기운내세요、일본！〟

そんな言葉が、全部のパレットに貼られていたのだ。韓国から届けられた18トンの水。ハングル文字は読めなくても、それが自分たちを励ましてくれる応援メッセージだということは、バカな自分にもわかった。

国を越え、海を越えて届けてもらった想いを、ムダにしてしまったんだ。

13

「久しぶり！　元気してたかぁ？」

携帯電話から聞こえてきたのは、3週間ぶりの声だった。自分はちょっと気が動転していた。

3月11日、東日本大震災当日。

青森で被災した自分が、不安のあまり催事仲間につい心の中を漏らしてしまった時のやり取りを思い出していた。

「地元が津波に飲み込まれて、仲間が数人連絡がつかない状態で、自分の家族にも連絡がつかずで……」

「事態はわかるけどさ、その話を聞いたところで、俺にどうしろって言うの？」

電話の主はこのやりとりをした相手、大阪のシンヤ君だった。

「スケジュールを調整して、催事仲間みんなと炊き出しに行こうと思ってるんやけど、大丈君、支援活動やってるやろ？　どっか避難所を紹介してくれへん？」

とりあえず気仙沼の松岩公民館を紹介した。シンヤ君は催事仲間だけじゃなく、大阪の地元のツレや祭り仲間などに声をかけてくれていて、4月の頭にBOND & JUSTICEと共同で炊き出しをする話がまとまった。

そして4月1日、炊き出し当日。シンヤ君たちの大阪チームは、大阪や名古屋から車3台に炊き出しの機材、食材すべてを積みこみ、約20時間かけて気仙沼まで来てくれた。

自分たちにとっては数日ぶりの松岩公民館。避難所のみんなに、「ただいま！　今日は炊き出しだよ」と声をかけ、まずは準備にとりかかる。

炊き出しのメニューは、富士宮焼きそばと温かいうどん。大阪チームは催事で年中全国を回っている人たちなので、手際も味も抜群に良い。あっという間に避難所の人数分のメニューができあがり、配布が始まる。

「やっば！」

「うっま！」

まず子供たちが笑顔になり、温かい食事に高齢者からも笑みがこぼれだす。

「ありがとうね！」「美味しかったぁ。次はいつやってくれるの？」と、みんなとても嬉しそうに感想を伝えてくれる。

「はるばる車を飛ばしてきた甲斐があったな」

額の汗をぬぐいながら、シンヤ君の顔もほころんでいた。

「なあ大玉君……堪忍な！」

「え？」

「あの時は何もわからんと、ホンマ無神経なこと言った。スマン！　大玉君が被災地の情報発信してるの見て、俺、いてもたってもおられんくなったんや」

自分こそお礼を言いたい気分だった。被災地でこんな多くの笑顔を見たのは初めてだった。炊き出しは、みんなを笑顔にする大きな力を秘めてる。

ちなみに富士宮焼きそばは、元々仙台の一番町で飲食店をやっていた時の看板メニューだったから、実は味に自信もあった。

「これはもっと笑顔を増やせるぞ……！」

その日は公民館に泊めてもらい、焼きそばの材料がまだあったので、アポを取って翌日は他の避難所で炊き出しを行うことにした。

向かった先の気仙沼中学校は、約１０００人の被災者がいる大型の避難所で、自衛隊のお風呂と常駐の炊き出しのテントが設置されていた。自分たちも2枚の鉄板を設置し、昼からの炊き出しに向け、富士宮焼きそばを作り始めた。

1枚の大鉄板で焼ける限界は約70食。１０００人分の焼きそばを焼き上げるには、とにかく焼きまくるしかない。そのうちに雪が舞い始め、寒さが体力を奪う。仙台でローライダーチームをやっていた時の仲間たちも手伝いに駆けつけてくれた。雪が舞い散る中、ごつい男たちが必死に焼きそばを焼いてるその姿は、傍から見ればシュールな光景だったかもしれない（笑）。

「お待たせしました！　今日は富士宮焼きそばになります。大阪と名古屋から仲間が炊き出しに来てくれました！」

すでに並んで待っていた人たちから順に、どんどん焼きそばを配っていく。体育館の中にいた人たちも、ソースの香ばしい匂いを嗅ぎつけ次々に集ってきた。更に行列ができていく。順番がやってきた80代くらいのばあちゃんが「20個ちょうだいな」と言いだし、配ってる仲間が、困惑した顔で自分を見てきた。

「ばあちゃん、後ろ見てみな？　子供たちが真似するべ？　家族分だけはあげるけど」

「じゃあ10個！」

「ったく（笑）。5パックで我慢しな？　足りなかったら、また並んで！」

実はこういうケースは炊き出しだけじゃなく、救援物資の配布時にもよくあることだった。「ひとり1個」とアナウンスしているのに、素知らぬ顔で何度も並んで物資を欲しがったり……。

おばあちゃんに悪気がないのはわかってる。この先の不安から、できるだけ物資や食料を確保したいだけなのかもしれない。だけどその行動は、避難者同士のいがみ合いを起こすことがある。だから言うべき時は、はっきり言わなきゃいけない。

まあそんなトラブルもあったけど、無事炊き出しは終了。大阪チームは、「めっちゃ楽しかった！　また来るわ！」と夜の炊き出しがある仙翁寺へ向かった。自分たちは次の炊き出し準備で名取へ帰るため、そこで別れた。

翌日は再び松岩公民館に戻った。その日は、山梨のアーティストVEGA-Tさんが連れてきてくれた地元のほうとう屋〈ワタショク〉の社員さんと一緒に炊き出しを行った。このほうとうの炊き出しは、翌日には石巻北上中学校、そのまた翌日には福島県相馬市の中村第二小学校でも行った。

この炊き出しには、避難所のお母さんたちや近所のお母さんたちも手伝いに来てくれ、現場は活気で溢れていた。

「おかわりしていいですか？　初めて食べたけどめっちゃ美味い！」

相馬の中学生たちの言葉と、満面の笑顔を思い出していた。

そうだ！　今後はなるべく支援者の地元の名産物を持って来てもらって、それを使って炊き出しの料理を作ろう。そうすれば、お腹を満たすこと以外にも楽しさが生まれ、みんなにもっと笑顔になってもらえるんじゃないだろうか。味の記憶は、違う土地で育った人々の心を繋げる魔法だ。

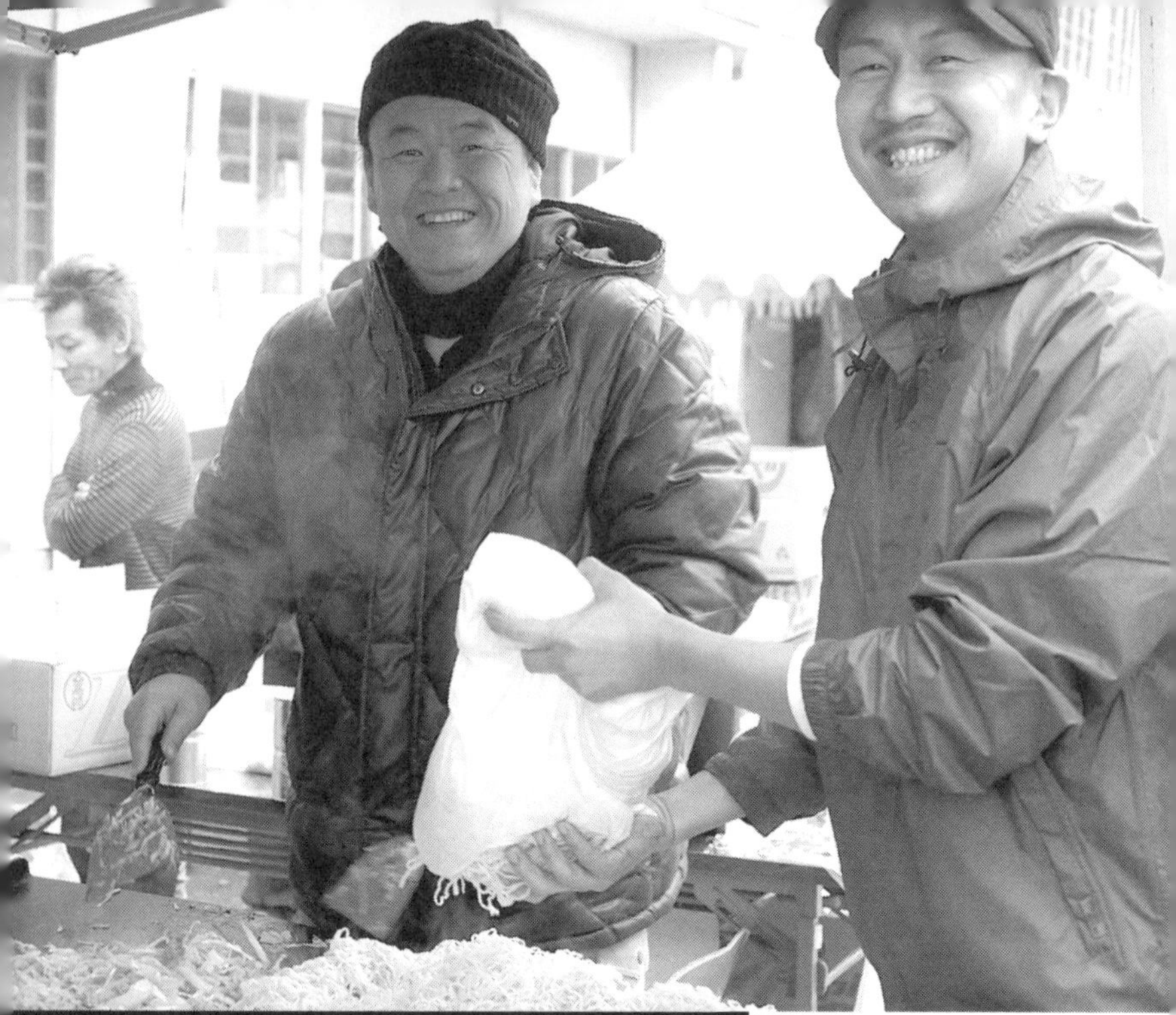

気仙沼の炊き出し

（右）山梨から来てくれた VEGA-T さん
（下）ほうとうの炊き出し

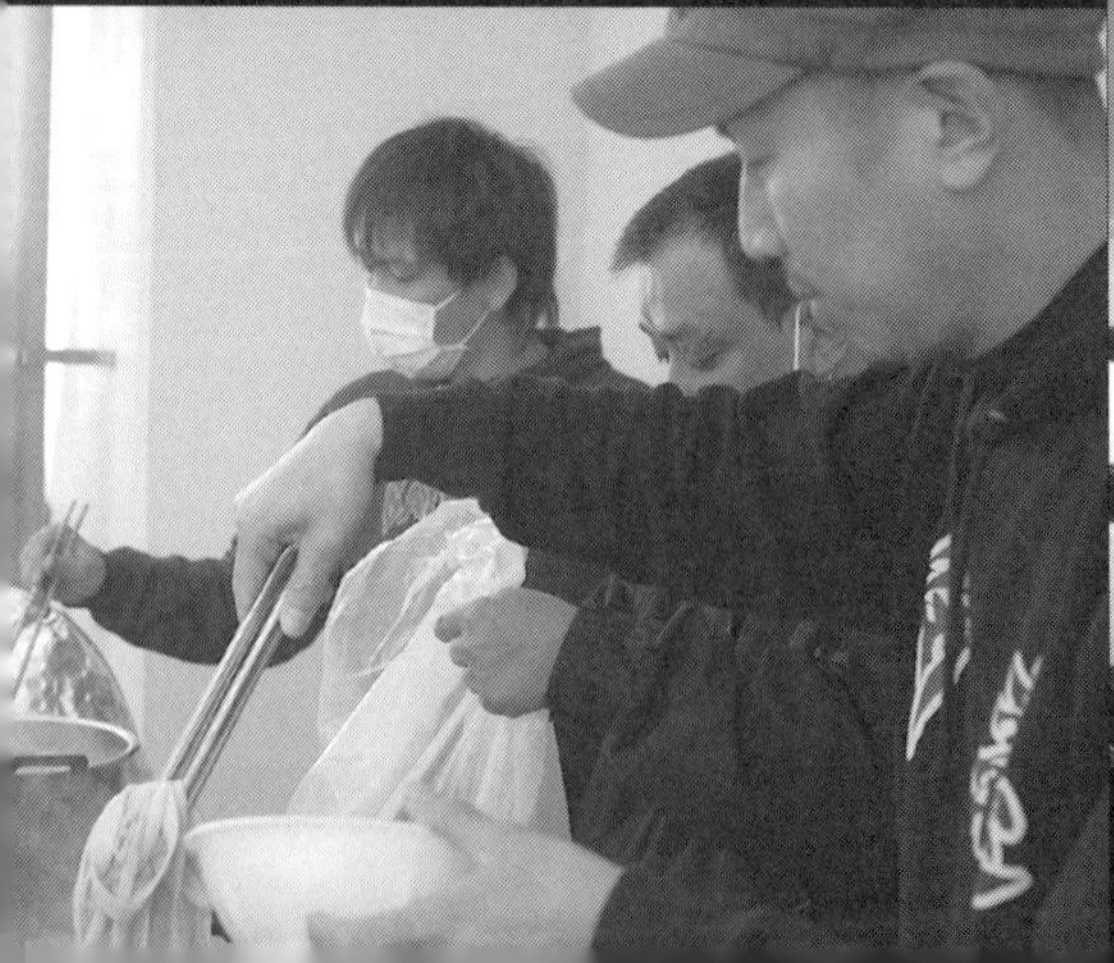

14

21歳の時から震災が起こる30歳まで暮らしていた仙台は、自分にとって第二の故郷だ。マネージャー業をやっていた時代からの知り合いも多く、名取市の倉庫を拠点にしてからは、仙台時代の仲間たちがどんどん集まってくれるようになった。郡山市出身のDJ MAMBOWさんやタクオさん、仙台からはLGYのRYOや後輩の安倍、千葉からは仙台育英に通っていたタカヒコ、そして倉庫の整理と仕分けをしてくれる若葉会の女子たちもそうだ。

そんなメンツに加えて、県外から支援に来てくれる仲間たちも、気仙沼や福島に行く前は一旦みんな名取の倉庫に集合する。1階は物資倉庫、2階は事務所兼寝室。布団を敷いてみんなで雑魚寝をする、大所帯の共同生活が始まった。共同生活自体は毎晩が修学旅行みたいで楽しかったけど、ある問題もBOND & JUSTICEチーム内で起きていた。

「大玉、元気か?」

電話をくれたのは静岡の先輩ラッパー・U-PACさんだった。

「元々イベントの予定でスケジュール空けてたから、炊き出しに行こうと思うんだけどどいいら？」

イベントの予定とは、４月に仙台や相馬で自分が企画していたクラブイベントのことで、U-PACさんにも出演をお願いしていた。もちろんすべて震災で中止になってしまったけど。

「嬉しいですけど……、寒い事務所で雑魚寝スよ（笑）」

「別にいいら（笑）。その代わり俺も閖上《ゆりあげ》の丘に連れてってくれよ」

気さくな先輩の声に後押しされ、気仙沼の松岩公民館に急遽炊き出しの予定を入れると、U-PACさんは静岡から地元の牧場が提供してくれた豚肉を車に積んで来てくれた。

支援者の地元の名産物で、味の記憶を繋ぎたい。そんな想いを汲んでくれた、U-PACさんのセレクトが嬉しかった。ブランド豚で作った豚汁と肉野菜炒め各１００人前は大好評で、すぐになくなってしまった。

炊き出しを終えると、その日は避難所には泊まらずにすぐ名取市へ戻った。気仙沼から名取の倉庫までは車で約３時間かかる。到着するなりドッと疲れが襲ってきたけど、翌日には帰らなきゃいけないU-PACさんの「閖上の丘に連れて行ってほしい」との願いを叶えるための強行スケジュールだった。

塩おにぎりを置いておいてくれた竹田社長（右）
良きアドバイスをくれたU-PACさん（左）

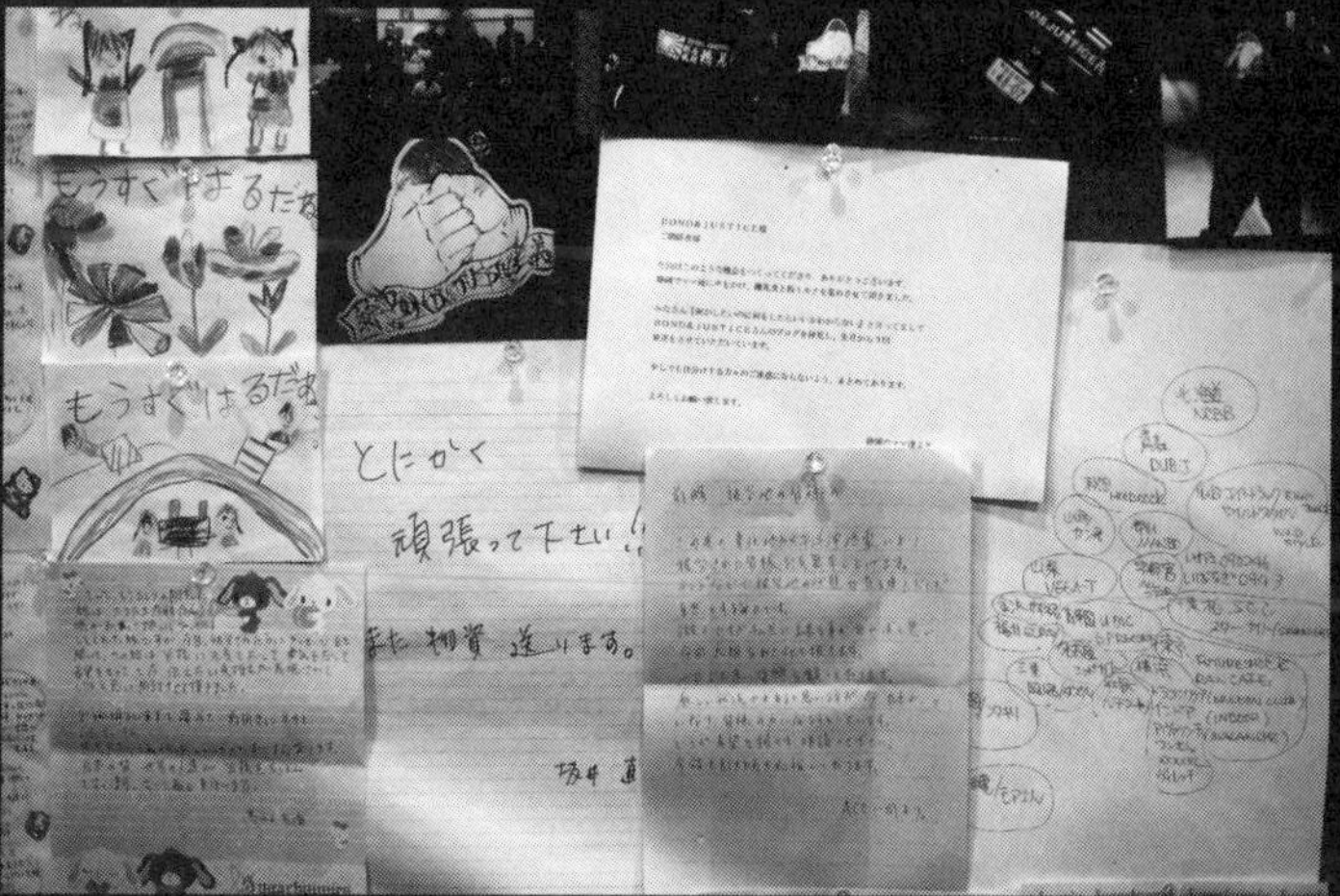

名取の倉庫に掲示された応援の手紙

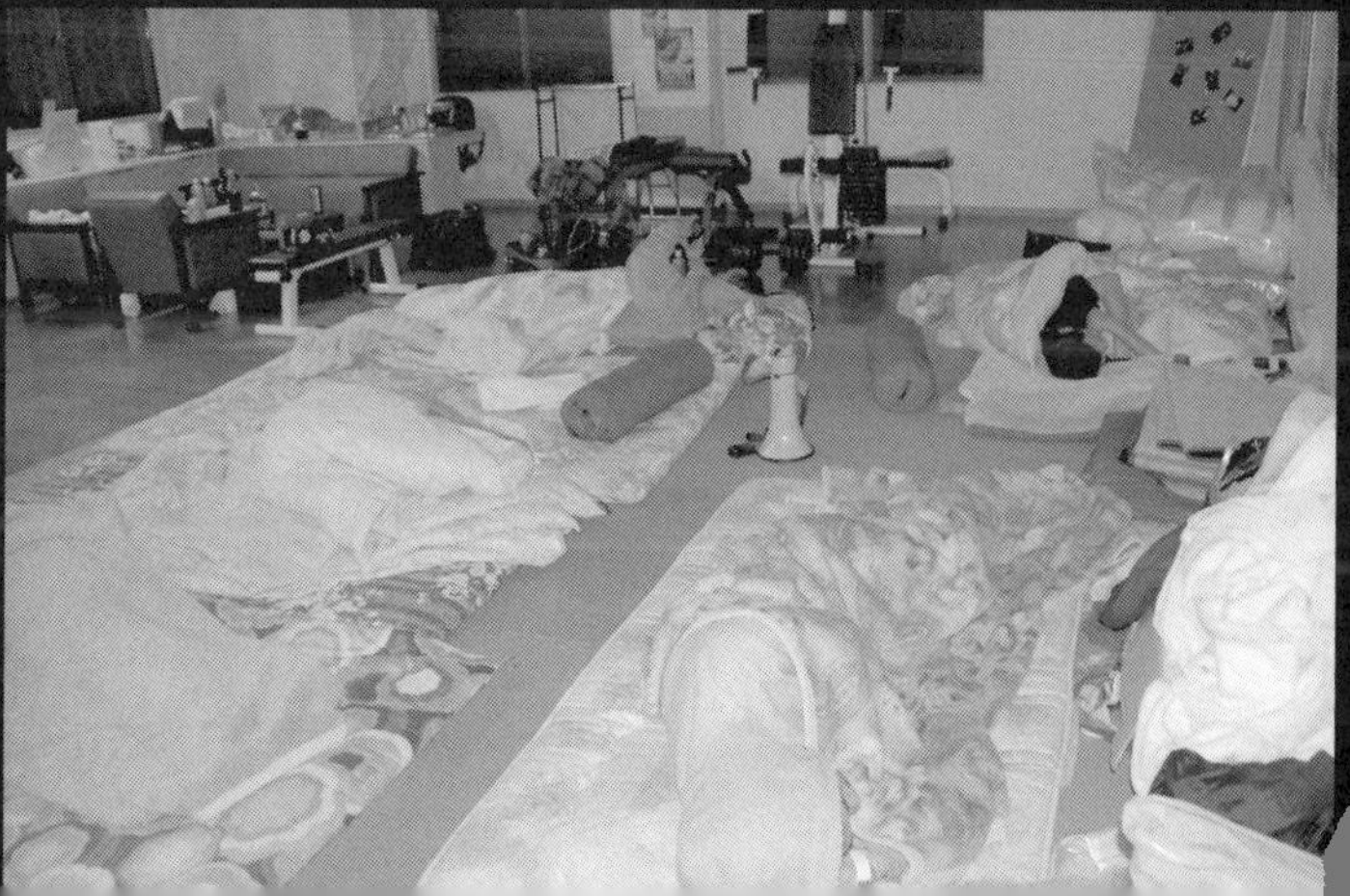

名取の倉庫2階でみんなで雑魚寝し、
数ヶ月間共同生活を送った

そして翌日。名取の倉庫からほど近い、閖上の丘に車で向かった。自分はタカヒコの車に乗りこみ、後部座席には後輩の安倍。U-PACさんは別の車だったけど、「この日に間に合わすために急いで録ってきたんだよね。車で聴いてみてくれよ」と、一枚のCDを手渡してくれた。U-PACさんが女性R&BシンガーのPukkeyと録った「未来へ」という曲をかけながら車を走らせた。

閖上地区に着くと、震災から1ヶ月が経とうとしているのに、未だにどこも瓦礫の山だった。団地の2階には、津波に流されたバスが乗り上げたまま放置されている……。

車を停め、みんなで日和山に登った。〝山〟と言っても数メートルほどの丘だけど、他は平地になっている名取市を一望できる場所だった。

宮城県の海沿いでは、閖上地区は住宅密集地。それゆえ多くの方が津波被害で亡くなった。震災当日、津波により一瞬にして多くの家が流されていく様子がTVでも中継され、今でも多くの人の記憶に残っていることだろう。

今は慰霊碑が建っている日和山の頂上には、この頃にもすでに卒塔婆《そとば》や立て看板がいくつも建てられていた。

『ありがとう！　明日は良いことあるよ！』

『感謝、身体に気をつけて』

数日前の明け方にも、看板のメッセージをBOND & JUSTICEメンバーと一緒に見つめていた。U-PACさんがここに来たいと言ったのも、その時にSNSに投稿した朝焼けの写真を見てくれたからだった。

この丘から見えるのは、360度すべて瓦礫の景色。

ここで亡くなった方も沢山いる。この景色の前で、自分はメンバーに伝えたいことがあった。だからあの日、早朝から無理を言ってみんなに集まってもらった。

「こんな朝イチにすいませんでした。だけど、このまま進んで行っても、どうにもならなくなると思ったので来てもらいました」

朝日が昇り始める頃、自分はここ数日間ずっと考えてきた言葉を切り出した。

震災から1ヶ月。BOND & JUSTICEとしての支援活動の範囲や、支援してくれる仲間の輪は、想像していた以上に広がっていた。集まってきた物資はこの時点で150トン、関わってくれている人数は数千人、mixiのコミュニティには2000人の人たちが参加してくれている。

ありがとう
ただ
合掌
お疲れさん
愛
世界が応援

だがその反面、メンバー間での意識の差が生まれていた。震災の爪痕を目の当たりにしたメンバーの心には、被災地に目を向けようとしない人たちに対するフラストレーションが溜まっていた。

「もどかしい気持ちはわかります」と、自分は話を続けた。

「でも自分には、みんなの『被災地を応援したい』という気持ちが、知らず知らずのうちにストレスと怒りに変わってるように見えます。怒りの感情を抱えながら支援を続けても、被災地は元に戻らないし、死んだ仲間も生き返らない。自分が小学校2年の時に担任の節子先生に言われた言葉があります。『お前の言葉は人を傷つけることがある。言葉にする前に頭の中で相手の気持ちを考えてから言葉にしなさい』。これは今のBOND & JUSTICEに必要な言葉だと思います。怒りの感情はここに埋めて、新たな気持ちで支援に取り組みませんか……」

「ありがとな……この景色、マジ見れてよかったよ」

ジッと目をつむって卒塔婆に手を合わせていたU-PACさんは、そう言ってニコっと微笑んだ。

高速のインターチェンジで、「また来るわ」と言うU-PACさんたちと別れ、もらったCDを帰りの車内で聴いた。ストリングスが奏でる切ないイントロに続いて、U-PACさんの太い声のラップが響いてきた。

あの日々が当たり前の暮らしの中で
訪れた自然の流れ　暴れ狂う大地と海は無情で
あまりにも残酷な一瞬の別れ
同じ星　同じ国に生まれ
それでも生かされた俺らの宿命《さだめ》は
誹謗や中傷なんかじゃなくて
誰かの手握るためなんだって

行きの車の中でも聴いていたはずの曲なのに、聴こえ方がまったく違っていた。リリックが心に突き刺さり、様々な記憶が頭の中を駆けめぐっていた。支援を支えてくれるみんなの顔。想い。仲間の死。別れ。

震災から約1ヶ月間、必死に前だけ向いて走ってきた。辛いことも沢山あったし、大変な道のりだった。

曲を聴いているうちに、目から涙が溢れ出した。隣に座っている安倍もうつむいていた。運転しているタカヒコの目からも、大粒の涙がこぼれていた。

誰にも言えない想いを、仲間たちはちゃんと感じてくれている。それがありがたくて、涙が止まらなかった。ずっと悩んでいたけど、ちゃんと話すことができて良かった。想いを理解してくれる仲間がいる限り、BOND & JUSTICEは大丈夫だ。「未来へ」が流れる車内で、そう確信した。

自分にとってこの曲は、迷った時や困難にぶつかった時、いつでも原点に立ち戻らせてくれる大切な曲になっている。

15

4月の頭から気仙沼の松岩公民館で始めた炊き出し。気仙沼だけではなく、相馬市や石巻市、七ヶ浜町にも連日出張して炊き出しを行った。様々な避難所で、被災者と触れ合って行き着いた、一つの目標がこれだ。

「炊き出しを通じて、避難所のコミュニティの再構築を！」

避難所生活では、様々な年齢や地域の人が集まって暮らしている。たとえ同じ生活圏の出身でも、ご近所付き合いをしてきた顔見知りの人もいれば、そうでもない人もいる。見ず知らずの他人の集まりが、避難所という同じ屋根の下で共同生活をしていかなきゃいけない。当然、様々な問題が生じてくる。

基本的に指定の避難所では、公民館の職員さんや学校の先生、そして他県からの臨時派遣職員さんが中心となって運営の指揮を取っている。自分たちのような民間の支援者が運営に立ち入ることはできないけど、〝炊き出し〟という支援を通じて、震災でバラバラになってしまった人々の心を繋げることはできないか？

「次の炊き出しはいつなんだ？」

炊き出しを続けていると、そんなふうに聞かれることがよくあった。避難所生活で他県にも行けず、ましてや外食することもできない中、「食だけが唯一の楽しみだ」という人も多かった。みんな首を長くして今か今かと待っていてくれるし、「なんか手伝うことある？　なんでも言って！」と避難所のお母さんたちも積極的に、というか強引に手伝ってくれるようになっていた（笑）。

サポートし、されていくことで、不便も不満も多い避難所での生活を、みんなが一体になる〝大きな家族〟として再構築することができるんじゃないか？

目標は定まっても問題は山積みだ。一口に〝炊き出し〟と言っても一度に作る量が半端じゃない。松岩公民館では常時１００食以上、もっと大きな避難所であれば１０００食以上のメニューを作らなければいけないケースも出てきた。このような大量の炊き出しをするのには、業務用の機材が必要だ。当然そんな機材もお金も持ち合わせていない自分たちに協力してくれたのは、やはりヒップホップで繋がった全国の仲間たちだった。

鉄板やフライヤーなど調理機材を大量に送ってくれたのは、名古屋のヒップホップアーティスト AK-69 さん。FOCUS 興業のカッチャン、ＤＪジョージさん、DJ TANKO さんといった大阪のヒップホップ仲間のみんなもチャリティーライブを開催し、その売り上げで機材を揃えてくれた。みんなが音楽の力で被災地を支えてくれたんだ。感謝している。

U-PAC さんみたいに「炊き出しに行こうと思うんだけどどいいら？」と被災地まで来て炊き出しに参加してくれる仲間も多かった。

前にも書いたけど、炊き出しに来る仲間たちみんなにお願いしてきたことがある。

「自分たちの地元の〝食〟を持ってきてほしい」

味の記憶で、被災者と支援者の地元を繋げていく。それがBOND & JUSTICEのモットーだ。VEGA-Tさんたち山梨の仲間が持って来てくれた〈ほうとう〉、福岡のラーメン屋さんからは〈とんこつラーメン〉、大阪の「西成わだ」（現在は「新世界す。」）ファミリーとジャークマンファミリーからは〈肉すい〉や〈お好み焼き〉、秋田のローライダー仲間たちは〈きりたんぽ〉と〈いぶりがっこ〉を持って来てくれた。BOND & JUSTICEの炊き出しには物産展さながらのメニューが並ぶ。

通常時の炊き出しメニューは自分が決め、指揮をとりながら調理した。調理師免許も持っているから、保健所のルール的にも問題がない。28歳の時に「今後のために」と取得した調理師免許が、こんな時に役立つだなんて思わなかった。

炊き出しをする中で、もうひとつできた目標がある。

「石原軍団越えするべ！」

メンバーみんながそんなバカげたことを言い出した。言い出したのは自分だけど（笑）。

継続して活動を支えてくれた大阪のわだファミリー

炊き出し用の機材を支援してくれ、その後もバックアップしてくれた
名古屋の AK-69 さん、DJ RYOW さん

別に石原軍団をライバル視したいたわけじゃない。自分だって彼らの大ファンだ。でも石原軍団が石巻に炊き出しに入った際、「1週間で1万5千食の炊き出しをしました!」というニュースを見て、違和感を感じたことも確かだった。違和感というより、「自分たちには石原軍団とは違うやり方があるんじゃないか?」という想いだ。

1週間で1万5千食を作るより、自分たちは週1回の炊き出しを、避難所がなくなるまで継続していきたい。カレンダーで見れば、1週間の炊き出しは〝横〟で終わる支援だけど、栄養バランスを考えたメニューを週1回、100食、200食と積み重ね継続していく炊き出しは〝縦〟の支援だ。すぐにいなくなる支援ではなく、継続して定期的に顔を見せることで、避難所の人たちの心のケアや安心感に繋げていく。

〝縦〟の支援。それこそがBOND & JUSTICEが目指す炊き出しのやり方だ。

16

「あ? お前たちに何ができんだ?」

七ヶ浜の国際村避難所との繋がりは、トラブルから始まった。

七ヶ浜町は仙台市街から車で約30分のところにある、景色が綺麗な小さな町だ。人口1万7千人ほどのこの町も、沿岸部はあの津波に飲みこまれた。震災後、高台にある国際村という町立の複合施設に避難所が設置された。

ある日、「被災地の視察をしたいのでBOND & JUSTICEさんに現地の情報を教えてほしい」という連絡があり、いくつかの避難所を教えた。

キャンピングカーでやってきたその人たちは国際村避難所へと向かい、当初は視察だけのつもりが、なんとなくの軽いノリで炊き出しを始めたらしかった。しかし、その人たちにとっては初めての炊き出しだったため、予定していた配布時間を大幅にオーバーしてしまったという。

「あのなぁ、2時間だぞ？　みんな腹空かせて待ってたのに、どうなってんだ？」

後日お詫びに伺った時、出てきたのはガラの悪いパンチパーマの親父だった。避難所のリーダーは初っ端から語気を荒げていた。でも言ってることは間違ってはいなかった。自分は「すいませんでした。紹介した自分たちの責任でもあるんで」と謝罪した。

「まぁいいけどよぉ。お前たちに何ができんだ？」

さすがにムカッとして、自分も啖呵を切るように、「ここの避難所がなくなるまで、継続して炊き出しに入らせてもらおうと思ってます」と言って、次回の炊き出しのスケジュールを入れた。

「ふうん……まあやってみればいいべ」なんて、その親父は吐き捨てるように言っていた。

「それにしても、今どき上下柄物のセットアップって、あの親父（笑）」

「本当にガラ悪いよな。チンピラ出てきたと思ったわ（笑）」

帰りの車内でLGYのRYOと笑いながらそんな話をしていた。

パンチパーマで喧嘩腰の、ガラの悪い親父。それが七ヶ浜国際村避難所リーダー、岩本喜治さんとの出逢いだった。


5月24日。

「アメリカから、被災者の方々が元気になるようにとステーキの炊き出しです！　楽しんで食べてくださーい！」

屋台の中から、並んでくれている避難者の人たちに呼びかけた。

七ヶ浜での初めての炊き出しメニューは、米国食肉輸出連合会「USMEF」から提供してもらった牛肉ステーキ。かつてニューヨークに住んでいて、アメリカに強いコネを持つ

七ヶ浜国際村にてステーキを焼く CORN HEAD さん

震災直後から支援活動に参加し背中を押してくれる、ミュージシャンの山崎廣明さんと、七ヶ浜のリーダー岩本さん

ブルヤスさんがまとめてくれたありがたい支援だった。

前回のお詫びの気持ちも込めた、避難者全員分のステーキ。「まさか炊き出しでステーキ出ると思わなかったわ！」「子供たちにも食べさせたい！　おかわりある？」と大好評。

行列ができ、額に汗を光らせながらステーキを焼いてると、「あのう……お願いがあるんですけど、ちょっと聞いてもらえますか？」と話かけてきた女性がいた。

「私は隣の塩釜市出身なんです。市内に桂島っていう離島があるんですけど、震災からずっと被災者のお母さんたちが朝、昼、晩と炊き出しをしてるんです。でも、さすがに疲れが溜まってきてるので、少しだけでも休ませてあげたくて……BOND & JUSTICEさんに、炊き出しに入ってもらうことってできますか？」

決してガラがいいとは言えない自分たちに、直接話しかけてオファーをくれたことが嬉しかった。ただこれは自分だけの問題でもないので、一応周りにいたメンバーに相談した。

「震災から3ヶ月間ずっとだろ？」

「お母さんたちの休み、作ってあげるしかないっしょ！」

予想はしてたけど、みんなは二つ返事でＯＫしてくれた。

「ということです（笑）。いつ行きましょうか？」

「ありがとうございます！」

それが塩釜出身の元スキーのオリンピック選手、畑中みゆきちゃんとの出逢いだった。七ヶ浜で出逢ったのは、ガラの悪いパンチパーマの避難所リーダーと、家族思いの元オリンピック選手、という対照的な２人。出会いって本当に不思議だ。

この２人との偶然の出逢いが、この先の BOND & JUSTICE の活動を、大きく変えていくことになったんだから。

17

６月６日。

元スキーのオリンピック選手、畑中みゆきちゃんに頼まれた、桂島での炊き出しの初日。福島からＤＪの阿部ちゃん、郡山からは DJ MAMBOW さん、東京からはミュージシャンのハンサム判治さんも来てくれて、自分も含めた４人の炊き出しメンバーは、マリンゲート塩釜の船着き場から、遠くにかすむ海岸線を眺めていた。

ゆるやかにカーブを描きながら、大型船が港に入って来る。機材の準備もバッチリ。米国食肉輸出連合会から提供してもらった牛肉だって、たっぷりと用意してある。

「おつかれさまです。今日はよろしくお願いします」

迎えに来てくれたみゆきちゃんに案内され、船着き場についた瞬間、MAMBOWさんが甲高い声を上げた。

「え、マジ!? 船これ？」

泊まっていたのはさっき見た大型船じゃなくて、まさかの屋根なしの小型船。5、6人乗れば満員になってしまう、いわゆる〝ポンポン船〟だった。

「桂島は海苔と牡蠣の養殖が盛んで、この船も養殖で使う作業船なんです」とみゆきちゃんが説明してくれた。内海を20分ほど進むと島が見え、小さな漁港に到着した。

桂島は宮城県の松島湾にある浦戸諸島のひとつで、人口200人未満の小さな島だ。震災ではみんな高台に避難して、一人の犠牲者も出なかったが、沿岸部に建つ家々は集落ごとごっそりと津波に流され、瓦礫の山になっていた。

避難所は廃校になった小学校の校舎を使っていた。避難者の皆さんが寝泊まりしてる教室に挨拶に行くと、ほとんどが60代から70代の高齢者。東北弁で言う〈おんちゃん〉や〈おばちゃん〉だ。

「今日はステーキの炊き出しだから期待していてくださいね！」

そう呼びかけると、一人のおんちゃんが、「あんたはどこから来たんだい？」と話しかけてきた。後に〈勝《しょう》ちゃん〉と呼ぶようになる避難所のムードメーカー・内海勝さんだった。

「福島の南相馬ですよ」

「そうかぁ。あんたのとこも大変なのになぁ」

「困った時はお互い様でしょ」

自分が人見知りしない性格というのもあるけど、同じ東北人同士という親しみもあって、勝ちゃんとは初めから自然に打ち解けることができた。

桂島には生活用品が買える商店が一軒あるだけで、生鮮食品などは塩釜港まで渡らないと手に入らなかった。もちろん飲食店も一軒もない。なので、「炊き出しでステーキが食べられる！」とみんな期待してくれてたらしく、炊き出しは大盛況だった。

「うんめえ肉だなぁ！」

「なあ。うんめえ、うんめえ。どっかにビールねがったが？」

という声が聞こえたのと同時に「プシュッ」と缶ビールを開ける音が響いた。

「兄ちゃんたちも飲め飲め！」

強引に勧めてくれるのでご相伴に預かると、50代の牡蠣漁師さんが、「お礼に震災を逃れた牡蠣をご馳走すっから！」と、桂島名産の牡蠣を焼いて食べさせてくれた。

「震災で暗い気持ちになってたけど、兄ちゃんたちがこうやってわざわざ炊き出しに来てくれて、なんだか元気になってきたなぁ」

アットホームな人たちとアットホームな島。小学校に避難していたのは、みんな同じ集落の人たちばかりで、初めて訪れた自分たちのことも旧知の仲のように迎えてくれた。

「兄ちゃんたち泊まっていくだろ？」

「布団用意してあるから、もっと飲むべよ！」

外が暗くなってきたから、職員室に入ってみんなで飲み直しが始まる。お酒を酌み交わしながら、この3ヶ月間の話を聞いた。先祖代々受けついできた家が、津波で流されてしまったこと。大切に養殖してきた牡蠣もそのほとんどが流され、明日が見えないこと。

ハンサム判治さんがアニメ『NARUTO』の主題歌を歌っている有名な歌手だと知ると、一人のおんちゃんが、「長渕剛の『乾杯』が聞きてえなぁ。いいか？」とリクエストした。

「もちろんいいよ！　かたーい絆にぃ」

判さんが歌い始めると、それに合わせて「想いをよーせてぇ」とおんちゃんたちも歌い

桂島にて、初めての炊き出しの時。自分たちのほうが笑顔をもらった

海苔や牡蠣の養殖を行うポンポン船でいつも迎えに来てくれた

だす。みんなで大合唱していた。みんな泣きながら歌っていた。

時計を見るともう21時。いい時間になっていた。

「今日はここら辺でお開きだな」

自分たちは2階の教室を借り、4人で雑魚寝の準備をしていると、飲み足りないおんちゃんたちがビールを持ってやってきた。マジか（笑）。

勝ちゃん、和雄さん、えいちゃんの60代のおんちゃん3人組だ。仕方がないから、付き合って再び飲み始めると、「大supサンたちはよぉ、最後まで支援してくれんのか?」と勝ちゃんがボソッと、質問をしてきた。

「うん！　最後までやるよ！」

その言葉を聞くと、「そうか、そうか」と嬉しそうに頷《うなず》いていた。

それから1時間ほど飲んでさらに酔っぱらい、明かりを消して寝る準備をすると、勝ちゃんは隣に寝てきた。人懐っこい猫か（笑）。

勝ちゃんはあっという間にすやすやと寝息を立て始めた。まるで子供みたいな寝顔をしていた。まさかこの3年後、自分が勝ちゃんを看取ることになるなんて、この時は想像もしていなかった。

18

BOND & JUSTICEが長期的に支援をしてきた避難所は、気仙沼の松岩公民館、桂島の元小学校、そして七ヶ浜町の国際村だ。

前にも書いたように、七ヶ浜との繋がりのきっかけはトラブルだった。

「それで、お前たちに何ができんだ？」

初対面からケンカ腰だったのは避難所のリーダー、パンチパーマの岩本さん。

岩本さんは責任感の強い人だ。約束の時間になっても炊き出しができ上がってこない。避難者の方々も、被災した自宅の片づけや仕事から帰って来てみんな腹が減っている。時間だけが過ぎ、焦りに変わってくる。段々と避難者のみんなから不満の声が上がる。リーダーとしての責任が「お前たちに何ができんだ？」という言葉になったんだと思う。

この出来事の後、自分たちがやるべきことは、岩本さんや七ヶ浜の国際村の方々に抱かせてしまった不信感を払拭することだった。だから、その後もこの場所で定期的に炊き出しを行った。

「あ？　おめえ相馬の人間かぁ」

自分が福島の人間だとわかると、徐々に岩本さんの不信感も解けていった。炊き出しの配膳の準備をしていると、しょっちゅう近くにやって来て、「今日の炊き出しは、本場大阪からの炊き出しだぞー！」と、自分の自慢の料理を紹介するように、我が物顔で声を張る岩本さん（笑）。

「ヒップホップってなんだ？　聞かせてみろ」

「こういう音楽ですよ」とU-PACさんの「未来へ」を聞かせると、最初は「なんかお経みてえだなぁ」と首をひねってたけど、聞き終わってこう言った。

「熱い歌詞だな。お前らが真剣だってことはわかったよ。俺も熱い気持ちだけはお前らに負けねえけどな」

岩本さんは震災前はトレーラーの運転手をやっていたらしい。3．11当日は岩手県からの帰路、七ヶ浜の自宅付近で地震を感じてすぐさま自宅に戻り、奥さんと愛犬2匹を車に乗せて高台に逃げた。避難するのがあと数十分遅れていたら津波に飲みこまれていた。

自宅は防波堤のすぐ側だったため、基礎ごと流され全壊。その後七ヶ浜の国際村の避難所に身を寄せていたが、持ち前の元気と明るさで、400人近くが避難していた国際村のリーダーになった。

「おい大主、俺にもそのTシャツくんねえか？」

自分たちがユニフォームのように着ていたBOND & JUSTICEのTシャツを欲しがったから、後日「幕僚長」とプリントした別注Tシャツをプレゼントしてあげた。

「俺は津波で家も財産も全部流されちまった。でもこの波に乗って、絶対に七ヶ浜を復興させてやる！」

いくらお互いガラが悪いって言っても、20代から30代が中心のメンバーの中で、パンチパーマの50代が一番元気で鼻息が荒いんだから、タチが悪い（笑）。

そんな岩本さんが、震災から半年後の9月10日、七ヶ浜の菖蒲田浜での「復興まつり」を仕切ることになった。それは瓦礫の海で始まった、復興への第一歩だった。

七ヶ浜国際村では、BOND & JUSTICEとしての節目も経験させてもらった。

「行ってきます」と「ただいま」を繰り返して、約4ヶ月間続けた炊き出し支援。初回のステーキから始まり、肉すいやどて焼き、親子丼、焼きそば、もつ煮込み、豚生姜焼きなど、沢山のメニューの炊き出しを行ってきた。そして――。

「炊き出しがついに1万5千食を超えました！」

一つの目標にしていた石原軍団の炊き出しでの提供食数を超えたのも、ここ国際村だった。短期的な〝横の支援〟じゃなくて、継続しつづける〝縦の支援〟。それは全国から支援してくれたみんなと、震災直後から一緒に東北を廻ってきたBOND & JUSTICEチームの仲間たちの〝積み重ね〟があったからこそできたことだった。

「人」を「良」くすると書いて「食」。それは避難所の人々だけじゃなく、自分たちをも笑顔にさせてくれるのだと知った日でもあった。

もちろん、岩本さんが仕切る「復興まつり」でも炊き出しをさせてもらった。これは震災で中止になってしまった町主催の夏祭りを、時期をずらして開催した「復興に向けて第一歩」のイベントだ。お祭りに合わせたメニューとして、自分たちは富士宮焼きそばやジュースを提供した。

「焼きそばちょうだい！」

ソースの匂いに誘われて、屋台に列を作る子供たち。屋台を組んだ場所は、菖蒲田浜の海水浴場駐車場だった。震災後、ずっと瓦礫置き場として利用されてきた場所だ。

七ヶ浜町はもともと七つの浜に囲まれた観光地で、菖蒲田浜は東北で一番古い海水浴場。震災前までは美しい砂浜が広がっていたけど、津波により壊滅的な被害を受け、浜には大

七ヶ浜国際村炊き出し

量の瓦礫やコンテナが流れ着いていた。

この日のイベントでは、町民やボランティアによる浜の清掃が行われ、土手には町花〈はまぎく〉が植えられた。最後には全国から持ち寄られた綺麗な砂が蒔かれ、14時46分になると参加者たちは手を繋ぎ、海へと向かい黙祷をした。

その景色を前にして、自分の中から込み上げてくる気持ちがあった。

「復興へ向けて、炊き出し以外にも自分のできることをやっていこう」

炊き出しの他に自分にできること。それは20代の頃に培ってきた音楽による復興だった。

19

「大㐂君、差し入れ持って来ました！　みんなで飲んでください」

「クラブ遊びは引退してたけど、今日のメンツを見て久しぶりに来たよ〜」

「久しぶり！　内緒だけど子供を実家に預けて遊びに来ちゃった（笑）」

震災前と同じように、自分の持ち場のキャッシャーでチケットの受け渡しをしていると、懐かしい顔ぶれのお客さんが次々と集まってきていた。

2012年3月9日深夜、仙台時代の自分たちのホームグラウンド〈仙台CLUB JUNK BOX〉でBOND & JUSTICE主催の復興祭を開催した。

ジャンクボックスはキャパ500人ほどの仙台でも有数の大箱だ。もともとローライダーだった自分たちが、西海岸crewとして当時ジャンクボックスでイベントをやるのは、大きなチャレンジだった。自分たちにとってはもっとも思い入れの強いクラブだし、震災前に仕事の事故で亡くなった横山さんがよくプレイしていたクラブでもある。それが復興祭の会場にジャンクボックスを選んだ理由でもある。

自分は震災前からイベントオーガナイザーとして、東北各地でイベントを開催してきた。だけど、東日本大震災後の1年間は、被災の影響や自粛ムードでクラブイベントがほぼ中止になっていた。その間、自分たちはひたすら被災地を飛び回り、震災前にはイベントで会うことがほとんどだったアーティストのみんなと被災地に物資を運んだり、炊き出しをしたりと共に前を向きながら歩んできた。

この日は、震災当初から物資支援や後方支援をしてくれたアーティストの面々に加え、震災前から一緒に活動していたヒップホップやレゲエの仲間たちも、復興祭に参加してくれた（出演者はフライヤー画像参照）。

絆 BOND & JUSTICE 義
東北関東大震災支援隊本部
BOND & JUSTICE
〈GUEST ARTIST〉
DS455
DELI
DJ☆GO
RIDE RECO SOLDIER
DJ FILLMORE
VEGA-T
JOYSTICKK
HYENA
Mr.Low-D
LUNA
HIBIKILLA
CORNHEAD
ハンサム判治
KILLASUGA
t-Ace
MARGE(大蛇)
JBM
復興祭
2012.3.9 FRIDAY
【場所】仙台JUNKBOX
【時間】21:00～6:00【料金】前売 ¥3,000(1D) 当日 ¥3,500(1D)
※フライヤー持参で前売り料金になります!
※このイベントの売り上げは被災地の支援活動に必要経費を除いてすべて活用させていただきます!
一年間走り続けさせていただきました。
本当にありがとうございます。
自分達の背中を押していただいていたみんなのライブを東北のみんなに届けたいと思います。
〈東北ARTIST〉
(仙台)THOUSANDBASE
(仙台)SHOWGO
(郡山)DJ MAMBOW
(仙台)DJ MONTA
(東京／南相馬)DJ HOY-D
(仙台)8TRACK
(福島)YKT
(いわき)G-BALLER
(秋田)HOODLOCK
(仙台)DJ ASARI,ONIDAIKO,JAGA [VILLONCREW]
(仙台)DJ CITY & DJKHAN [SMACKDAWNCREW]
(仙台)YARZSOUND
(仙台)GRANDSLAMCREW
(仙台)ROKU & RIDE
(仙台)CAUTIONTAPECREW
(山形)SHOYA, DJ C-LUX
(仙台)HOT SOURCE
(いわき)DAZU-D
(郡山)ちゃんばらや

豪華なメンバーが集結した「BOND & JUSTICE 復興祭」

スケジュールの都合で復興祭に来られないアーティストからも「3月11日の炊き出しには参加するから！」とか「また被災地支援に行くよ！」というありがたい言葉をもらった。

この復興祭は、被災地が元気になってもらえるように、そして売上が被災地支援にもなるようにという思いで企画したイベントだ。チケットの予約販売を開始すると、被災地の人たちからも様々な声が寄せられた。

「地元の石巻も被災してしまいました。復興祭で、沢山のアーティストさんから元気をもらいに遊びに行かせてもらいます！」

「津波で、思い出深いCDやフライヤーが全部流されてしまいました。また、楽しみを作ってくれてありがとうございます！　相馬から遊びに行きます！」

「陸前高田から行きます！　震災前は結構遊びに行かせてもらってました！　またジャンクボックスでパーティーが見られるのは本当に嬉しい！」

お客さんも昔から自分のイベントに来てくれていた常連だけでなく、豪華な出演者に惹かれて集まってくれた若いファンも多く、会場のジャンクボックスは満員御礼。お客さんがパンパンに詰まったフロアに、アーティストたちのテンションも上がっている。

「震災の記憶を忘れずに、俺らは音楽で東北を復興させてくぞ！」

ステージからの呼びかけに盛り上がるお客さんたちの姿が、ＰＡブースの前からステージを見守っていた自分には感慨深かった。ライブが終わるとアーティストのみんながフロアに遊びに来てくれて、お客さんたちと談笑する。純粋にこの空間を楽しむみんなの姿に、震災前の日常が少しだけ戻ってきたような気がした。

復興祭が終わってホテルで仮眠を取った後は、桂島での炊き出しのための準備が待っていた。炊き出しは翌日の２０１２年3月11日。東日本大震災からちょうど1年にあたるこの日を、どうしてもこの桂島でみんなと一緒に迎えたかった。初めて桂島に入ってから８ヶ月。何度もこの島のみんなに会いに来た。12月に仮設住宅が完成した時も炊き出しでお祝いした。「被災地で酒を飲むなんて」という声もあったけど、自分たちはそんなコミュニケーションの仕方で桂島のみんなとの関係性を深めていった。震災前と同じように酒を飲み、避難所暮らしや仮設暮らしという日常から、一瞬でも抜け出してくれればいいなと思いながら通っていた。自分も仙台市内に21歳から住んでいたけど、震災がなかったら行くことがなかったこの島で、親戚付き合いのようなそんな関係が築けるとは思ってもみなかった。だからこそ、この日を桂島で迎えたかった。

この日の桂島には、ジャンクボックスでの復興祭にはスケジュールの都合で参加できなかったU-PACさんやANTY the 紅乃壱、違う会場で復興祭をやっていたキングギドラの皆さん（Kダブシャイン・Zeebra・DJ OASIS）、映画監督の薗田賢次さんなども駆けつけてくれた。

「廃校になった小学校をこないだまで避難所として使っていたんです」

避難所内を案内して回る自分の話を、Kダブシャインさんは熱心に聞いてくれた。

この日集まってくれたアーティストや関係者は50人近く。それぞれが体育館に設置したテーブルにつき、島のおばちゃんたちにも手伝ってもらった炊き出しを食べながら、被災者の人たちの話に耳を傾けていた。

14時半を過ぎると、体育館内にいた人たちが玄関前の広場に集まり始めた。

14時46分。静まりかえった広場に、あの地震の発生時刻を知らせるサイレンが鳴り響いた。集まったみんなで手を合わせ、黙祷した。時間にしてみれば、それはわずか1分ほどの時間だったのかもしれない。でも瞼の裏には、さまざまな想いや記憶が駆け巡っていた。

青森のデパートの催事場での被災。ワンセグで見た津波の映像。ガソリンスタンドの行列。爆発した福島第一原発。電話で知らされた仲間の死。不安の中で走り続けた横浜までの道のり。見渡すかぎりの瓦礫が広がる南三陸町。思い出の場所が流されていた地元の町。閉じていた目から涙が溢れ出していた。辛かったことだけじゃない。多くの出逢いもあった。桂島の人たち。国際村のリーダーの岩本さんや、気仙沼の避難所の人たち。顔も知らないのに全国から想いを託してくれた何千人もの人たち。励ましの電話や支援をしてくれた、横浜や名古屋の先輩たち。被災地で出逢った沢山の笑顔たち。そして何より、この場所に集まってくれたBOND & JUSTICEの仲間たち。

「タカヒコ、飛べっ！」

「マジかよ、なんでいつも俺なんだよ！」

黙祷を終えた後、みんなで港まで来ていた。はやし立てられたタカヒコが、「しょうがねえなぁ！」とまだ冷たい3月の海に飛びこんだ。自分たちの間ではもうお約束になっているパフォーマンスだ。水しぶきが盛大に上がると、みんなの笑い声が響きわたる。

この仲間たちがいてくれたからこそ、激動の1年間を乗り越えることができた。みんなの力を借りて、この1年間を無心で走ってこれた。

「1年が終わった」

思わずつぶやいていた。あっという間だった。短いようで長かった1年だった。

「おい、大土。勘違いすんなよ」

「え？」

隣でU-PACさんが真剣な目で見ていた。

「1年目が終わったんじゃねえんだよ。今、2年目が始まったんだよ」

ハッと現実に引き戻された。振りかえると、桂島の海岸沿いにはまだ瓦礫が山のように積まれていた。そっか。そうだよな。俺にはまだまだやることがある。やれることが、やらなくちゃいけないことがある。被災地の人たちと交わした、守らなきゃいけない約束もある。でもとりあえず今は、今日という日をみんなと祝いたい。

「大土ぉ！　お前も海飛ぶでしょ？」

「え？　大土くんが飛ぶの？　いいねー（笑）」

「えええ俺!?　いやいやいやいや！」

マジか。油断してた。ヤバい。

みんなに強引に手を引っぱられ、海が近づいてくる。冷たい水の中ではタカヒコが不敵に笑っている。

Wave Ranch

Junior

元気を支えてくれる地元のお母さんたち

被災地支援現場の皆さんとの交流の初めの一歩は、避難所と被災地のお母さんたちと仲良くなることから。その土地のことを知るには現地の人から話を聞くことが大事だと思ったから。

東日本大震災の際は宮城塩釜桂島で海の家をやっていたことがある料理上手の〈せっちゃん〉、茨城豪雨災害の際は下妻の介護施設の〈あおばの姉御〉たち、熊本地震の際は武蔵小学校の避難所で炊き出しの手伝いをしてくれていたおしゃべり〈ちえさん〉、同じく熊本地震の際の県立体育館の避難所の〈ばぁば（愛称）〉と〈三宅さん〉、佐賀豪雨災害では大町町のおちゃめな〈きーちゃん〉と避難所受け入れ側の〈久保さん〉、北海道地震の際のお料理先生〈中原さん〉、人吉球磨地区豪雨災害支援の元気玉姉さん〈ひろみさん〉……。

被災地の復興は、お母さんたちの活気から始まる。どの被災地に行ってもなぜか必ずそうなるから「何でかな？」と最初は思っていたけど、被災地支援を続けるうちに感じたのは、お母さんたちはどんな状況の中でも日常の積み重ねが体に染みついてるからなんだな、ということ。

宮城の桂島のせっちゃん、熊本のちえさん、熊本のばぁばや三宅さん、佐賀大町町のきーちゃん、皆さん被災者や避難者だ。避難所生活中に自分のできることを考え、炊き出しを手伝いに来てくれた。そこからまた地元のお母さんたちを誘ってくれて、それからはスタメンの炊き出しのメンバーとして加わってくれた。

被災地入りした後は毎回、自分たちは炊き出しの準備をしながら、被災状況やその島や町の地域の特性や県民性などについて教えてもらい、継続的支援の形作りへ向けて流れを作っていく。

支援に入る際に、ボンジャスとして被災地へ行ける人数が限られる時もある。そんな時は現地の人に手を貸してもらえると本当に助かる。50食から多い時では800食にもなる炊き出しの仕込みは、人手が足りないとどうにもならない。そんな時「おーどさん、人手が足りないなら声かけよか～？」と地域のみんなに声をかけてくれる。

茨城豪雨支援のあおばの姉御たち。支援者として、自分たちのできる動きをしてくれた。茨城の常総の炊き出しの際は、自分たちと地域の元ヤンキーの子たちや現ヤンキーの若手の子たちなどが手伝ってくれて、その食事をあおばの姉御たちが、鍋ごと車に積んで在宅避難している方々へ一軒一軒配って回ってくれた。その地域を知っている方々だからこそできる、細部まで行き届いた支援の形。自分たちだけで炊き出し支援に入っていたら、間違いなくここまでの支援は行き届かなかった。素晴らしい地域支援の形だった。

北海道地震の際は、調理場と地域を繋ぐ中原さんが地域生産者から地場野菜を買い取りして支援をしてきた。東京から後方支援として生産者の方々を繋いで炊き出しの食材を手配してくれた支援の仲間の今野さんや、地場の牧場をしながら地域でNPOとして動いていた内藤さん、札幌から通いで来てくれていた鷲頭さん、東日本大震災の際に避難した水谷くん……。

札幌市内のシェフの皆さんと沢山の支援者の皆さんによる〝できることのバトン〟を回すような支援の形だった。後方支援として流れを作る人、生産者さんに声をかけて旬の野菜を手配する人、店舗営業の合間に調理をしてくれてそれを託す人、運ぶ人、調理配膳する人。そんな支援の輪。

佐賀豪雨災害支援の支援先役場の久保さん。避難者のことを常に考え、自分が休みの日でも「避難者の方々のことが心配だから」と手伝いに来てくれたり、避難者側のことを考えてくれて、役場に掛け合ってくれたり、本気で動いてくれた。

そして、熊本人吉球磨地区豪雨災害支援のお寺の奥さんひろみさん。

「困ってる人がいるけん、自分たちのできることを！」と、お寺としての仕事もこなしながら、毎日パタパタと被災地を駆け回ってくれた。〝お寺マルシェ〟をしたり、お寺のあり方を再認識した。

そこには、お坊さんである旦那さんの理解と大きな愛を感じた。

どの避難所、避難者の方々、支援者の皆さんもお母さんたちの笑顔の力に救われてきた。

勝ちゃんのこと

「大土サンたちはよぉ、最後まで支援してくれんのか?」

「最後まで支援するよ!」


桂島で出逢った、避難所のリーダーの勝ちゃん。

「こんな辺鄙《へんぴ》な島までありがとうなぁ」

炊き出しに行った初日から、自分たちに気を遣ってくれた。ムードメーカーの勝ちゃんがそこにいるだけで、桂島の避難所が明るくなった。


震災前まで、勝ちゃんは桂島の消防団長をやっていて、人口200人弱の住民の世帯ごとの家族構成もある程度把握していたという。勝ちゃんは津波が来る前に「早く逃げろ!」とお年寄りや子供がいる世帯に連絡網を回し、そのおかげで、桂島では多くの家屋が流されてしまったものの一人の犠牲者も出さずに避難できたという。

勝ちゃんとの思い出話は沢山ある。そのほとんどが笑い話だ。第一章にも書いたが、炊き出し後にまだ飲み足りない勝ちゃんたち60代3人組に、付き合ってコップ酒を飲んでいたんだけど、いつまでも帰らない3人。「今日はいい塩梅《あんべ》にしなさい!」と、近くにあったスリッパで禿頭にツッコミを入れると、「痛ってぇ!」とケラケラ少年のように笑っていた。


次に桂島に来た時には「大土サン、これ使ってな」と、ツッコミ用のスリッパを渡された。

「んじゃ勝ちゃん、バシバシ遠慮なく突っ込まさせてもらいます」


自分も勝ちゃんたちの仲間に入れてもらえたような気がして、なんだか嬉しかった。

2011年11月、勝ちゃんや桂島のみんなと北海道支援に行った時も楽しかったけど、その翌年の沖縄ツアーもいい思い出だ。


2014年8月13日、震災から3年後に桂島で開催された夏の花火大会でのことだった。

「大土サン、今年も手伝ってくれてありがとうなぁ」

しばらくぶりに会った勝ちゃんは、異常なほど頬がこけていた。

「勝ちゃん、どっか悪いんでねえの?」

「いや、なんでもねえ、なんでもねえ」

首を横に振るばかりで、それ以上は何も話してくれない。奥さんと話をしていても、病気の話題になると急に口が重くなる。

ただの病気ではないことは明らかだった。

「実はね、あの人もうステージ4まで進行してるの……」勝ちゃんの体を蝕《むしば》んでいたガン細胞は、すでに全身に転移し始めているらしい。自分にできることは何もなかった。なるべく桂島に通って、病状が悪化していく勝ちゃんのお見舞いに行った。

2014年11月、千葉の先輩でラッパーのDELIさんが松戸市議会選に立候補することになって、選挙の手伝いをしていた時だった。「勝ちゃんの病状が悪化した」との連絡が入り、DELIさんに事情を説明して宮城へ飛び返った。

「ああ……来てくれたのか……」

病院に駆けつけた自分の目に飛び込んできたのは、以前にも増して痩せこけた勝ちゃんがベッドに横たわる姿だった。

「大玉サン……沖縄の写真、現像して持って来てくんねえかな」

旅行の思い出の写真を病室に飾りたいと言う。後日、写真を届けに行くと、奥さんと娘さんが勝ちゃんの手をぎゅっと握り、すすり泣いていた。

「勝ちゃん！ こないだ約束した写真持って来たよ！」と大きな声で呼びかけると、ベッドの上の勝ちゃんは、小さく頷いた。

「ここに飾っておくね！ 今から桂島に行って来るけど、帰りにまたお見舞いに来るから！」

自分の言葉を聞くと、勝ちゃんはゆっくりと右手を宙にかかげ、親指を上げてグッドサインを出した。

病室を出て、塩釜港から桂島に船で着いたちょうどその時、奥さんから着信があった。

「ありがとうございました。今、亡くなりました……」

お葬式に参列した際、お焼香をあげながら考えていた。勝ちゃんが最後に立てた親指の意味を。

「最後まで支援するよ！」と交わしたあの日の約束を自分は守れたのかな？

「大玉サン、一杯飲むべえよ」

今にもまたにっこりと笑って喋り出しそうな、お棺の中の顔を見つめながら、「自分たちのできることをできる限り続けていこう」と胸に誓った。

岩本さんのこと

岩本さんの話をしたい。家が津波で流されてしまった岩本喜治さんの本職はトラックの運転手だったが、七ヶ浜町国際村の避難所リーダーの業務が忙しくて仕事を辞めてしまった。口が悪くてガラも悪い親父だけど、「地元の七ヶ浜を復興させたい」という気持ちは誰よりも強かった。最初は懐疑的だった自分たちの活動にも次第に理解を示してくれて、BOND & JUSTICEの〝幕僚長〟として仲間になってくれた。

復興まつりを終えた9月頃、仮設住宅内に〈七の市商店街〉という復興のための商店街を作るという話が持ち上がると想定外の相談をしてきた。

「大士、俺ラーメン屋を始めようと思うんだ」

話を聞くと岩本さんの実家は以前、七ヶ浜の菖蒲田浜で海の家〈よこはま〉をやっていて、そのラーメンを復活させたいと言う。その熱意に根負けした自分は、12月のオープンに向けて協力を約束した。

11月に入って、そろそろ具体的な話をしようと思い連絡してみると、岩本さんの携帯電話が〝お客様の都合により〟繋がらなくなっていた。心配になり仮設住宅に向かってみると、岩本さんがちゃぶ台の前にあぐらをかいて、テレビを見ながら大好物のキリンラガービールの中瓶を飲んでいた。準備は何も始まっていないどころか全部を奥さん任せにしていたので、思わずカッとして声を荒げてしまった。

「来月に店をオープンするって話なのに、まだ誰も岩本さんがラーメン作ってるの見たことも食ったこともないって、商売舐めてるの？」

「舐めてねえ。これからやる。おめえにそこまで言われる筋合いはねえ！」

そのまま大ゲンカをして、それから半年くらい口をきかなかった。どうしょうもねえ飲んべえの親父だ。

それでも心配だから、奥さんとはたまに連絡を取るようにしていた。すると、どうやらあのケンカの後に「大士に負けてられねえ！」と一念発起し、お店は12月に無事オープンしたとのこと。

夫婦でラーメン屋を切り盛りしている姿はTVでも取り上げられたが、自分もボンジャスメンバーのみんなも岩本さんのラーメン屋が上手くいっているのかどうか、心配だった。その後も〝復興商店街の名物元気オヤジ〟としてラーメンを屋を頑張っていると聞き、行ってみた。店の名前は〈夢麺《むーめん》〉。

「いらっしゃ……なんだ大土か。来たのか」

「大将、ラーメン大盛りひとつ」

数分後、奥さんが運んできたのは、透き通ったスープにナルトとチャーシューが乗った昔ながらの中華そば。

「どうだ。美味いだろ」

「まあまあかな」

「口が減らねえな」

その素朴な味が、岩本さんの本当の人柄を表しているように自分には思えた。

仲直りはしたけど、岩本さんとはその後もよくぶつかった。桂島へ一緒に炊き出しに行って、よく勝ちゃんと岩本さんと自分の3人でくだらない話をしながら酒を飲んでいたけど、岩本さんは酒を飲むと周りを喜ばせようと調子に乗ってふざけ過ぎるので、その度に自分が叱っていた。

2015年9月の関東・東北豪雨災害で茨城県に支援に行った時も、酒が入った岩本さんはふざけ過ぎていた。

「いい加減にしろよ。支援に来ておいて飲みすぎだよ!」


いつの間にか岩本さんはいなくなっていた。宿泊先を飛び出して、歩いて帰ろうとしたみたいだ。自分も相当頭に来てたから放っておいたけど、次の日の夕方に奥さんから電話があった。

「あの人、本当に茨城から栃木まで歩いたらしいんだけど、お金持ってないから駅員さんに頼み込んで電車で多賀城まで行って、そこからタクシーで帰ってきたみたいよ。まだ疲れてて寝てるけど」

口を開けてガーガーいびきをかく岩本さんの寝顔が目に浮かんだ。


翌年の2016年には七ヶ浜の仮設住宅が撤去されることになり、復興商店街〈七の市商店街〉もその役目を終えた。〈夢麺〉も一旦閉店することになったが、岩本さんは被災した自宅の代替え地を自宅兼店舗にして移転すると言い張った。

でも、当時56歳の岩本さんは年齢的に銀行からの融資が厳しかった。ようやく融資の話がまとまりそうになった矢先に奥さんからの着信があった。岩本さんが脳梗塞で倒れて入院したと言うので、病院に駆けつけた。

「なんだわざわざ来たのか。大丈夫だよ。たいしたことねえ」

パンチパーマは伸びてしまったけど、岩本さんは意外なほど元気そうだった。後遺症の心配はないと聞いて、ホッと胸をなでおろした。

ところが、その8ヶ月後に岩本さんは再入院。医者からタバコやアルコールは控えるように言われていたが、退院してからすぐにまた飲み始めたようで、2回目の脳梗塞で倒れてしまった。

「やっち、まったよ……バカ、だな、おれも」

病室で再会した岩本さんは、活舌が不自由になっていた。前回とは違い、右半身と言語に障害が残るだろうと言われていた。退院してからも、日常生活を送るのが大変そうだった。大好きだった酒を飲むこともできず、気持ちが塞ぎがちになり、家族に当たることもあったという。そんな岩本さんからある時に呼び出された。

「七ヶ浜、で海の家を、再建したいんだよ。女房に、残せる物が、ないから、何か残したい」

七ヶ浜に海の家をゼロから作ることになってしまった。地元の相馬や仙台の仲間たちにも助けてもらい、何とか突貫工事で〈海の家 ALOHA〉を作り上げた。初めてのことだらけで苦労も多かったけど、被災地だった七ヶ浜の海に大勢の人が戻って来た嬉しさもあった。岩本さんの奥さんも、朝から晩まで働きに来てくれた。でもその分、家を留守にしてたから、岩本さんは寂しい思いをしていたらしい。

岩本喜治さんは昭和33年生まれの62歳（2021年現在）。最初はお互いマイナスの印象からのスタートだったけど、仲良くなって多くの被災地支援を共に廻ってきた。沢山ぶつかったが、沢山の元気も与えてくれた。あれから10年が経った今となってみれば、血は繋がってないけど親戚のような存在だ。

面と向かって言うのは恥ずかしいから、ここで言わせていただく。最初、岩本さんに「お前らに何ができんだ?」とケンカ腰で聞かれた時、自分は言った。

「ここの避難所がなくなるまで、継続して炊き出しに入らせてもらおうと思ってます」

その気持ちは今も変わってないけど、言い換えたいと思う。

「お互いのどちらかが死ぬまで腐れ縁は続くけど、もらった元気を返し続けようと思います」

これからも沢山ぶつかることはあると思うけど、約束は守るよ。ジジイ、長生きしろよ!

誠の子供たちへ

土屋誠。津波に飲まれて亡くなった消防団の誠の本名だ。誠と出逢ったのは高校の時だった。

誠は磯部中出身。磯部は漁師町で小学校も中学校もクラスが少なく、みんなは子供の頃から幼なじみとして育っていて、その中心にはいつも誠がいた。消防団で誠と一緒に亡くなった峰生《みねお》も磯部の出身で、あいつもアホだけど良いやつだった。のちに誠と結婚する友紀《ゆき》も同級生で、一緒によく遊んでいた仲間だった。

高校を中退して漁師になった誠は、バイクを乗り回していた。ヒップホップが好きだった自分はローライダーに、誠はバイク好きなヤンキーへ。趣味は違うが学校をサボっては溜まり場でよく一緒に遊んでいた。20代になって自分が仙台に住むようになってからも、相馬に帰ってくると誠と道治とよくサーフィンに行った。

その頃になると結婚する仲間も増えてきて、誠も友紀との間に双子の男の子を生んだ。家族持ちになっても、夏は地元の仲間たちと子供を連れてバーベキューをしたり、年に1、2回は新年会や忘年会で集まっていた。

誠は仲間想いの優しいやつだ。面倒見がいい誠はみんなのアニキ的な存在で、後輩たちにも懐かれていた。あの日もきっと、地元の人たちを助けようと必死に走り回っていたんだと思う。消防団だった誠は人助けの途中で津波に飲まれた。ショックだったけど、未だに亡骸《なきがら》の見つからない津波被災者が沢山いる中、遺体が見つかったことは良かったと思う。だけど残された奥さんの友紀は、この10年大変だっただろう。

誠と友紀には4人の子供がいる。双子の優《ゆう》と鎌《れん》、三男の仁《じん》、そして震災時に身ごもっていた男の子だ。友紀はこの10年間、4人の子供たちを育て必死に生きてきた。

誠の実家も友紀の実家もどちらも漁師で、どちらの実家も津波に流されてしまった。原発が爆発すると、友紀は4人の子供を連れ山形と秋田の県境の町に避難した。身寄りのない土地で女手一つの避難生活は本当に大変だったと思う。

1年近くの避難生活後、友紀は子供を連れて相馬に戻って来た。その時に聞いた一言は、今も忘れられない。

「どんなに復旧しても、復興しても、マコさんが隣にいないってことが本当に辛い……」

吐き出したいことはもっと沢山あったんだろうけど、これが友紀が漏らしたたった一言だけの本音だった。

相馬に帰ってからは友紀は、弟家族や妹家族とお互いをカバーしながら子育てをしている。〝血の繋がり〟と〝地の繋がり〟。それが人々を結びつけていることを、震災であらためて実感した。

家族で地元を離れ避難生活を送る人たちもいれば、家族だけを避難させて〝逆単身赴任〟をする人たちも沢山いる。だけど、どんなことがあっても地元は地元だ。たとえ住む場所が変わったとしても、〝故郷〟は変わらない。


もうすぐ震災から10年の月日が経つ。東北の海沿いには高い防潮堤が立ち、かさ上げされた土地には新しい住宅が建ち始めた。でもまだ町の復興は道半ばだ。

震災による津波で福島の海はめちゃくちゃになった。放射能の風評被害で魚も売れなくなった。そんな逆境の中、ある漁師さんから聞いた言葉がある。

「震災で津波を食らって、家が流されたし仲間も死んだ。それでも海がなかったら、俺たちの生活はなかった。海があったから今まで生活ができたんだ。海は悪くねえ」


放射能の風評被害で売れなくなってしまった魚をなんとかしようと、相馬の漁師たちはみんな新しい漁師のあり方を考え、必死に取り組んでいる。何年もかけて試験操業や検査を繰り返し、福島の海で獲れた魚も流通できるようになった。

2021年2月。ひさびさに磯部の町をたずねると、港には何隻もの漁船が泊まっていた。その中の一隻に〈幸稔丸《こうじんまる》〉を見つけた。誠が乗っていた漁船と同じ名前の船だ。

誠と友紀の息子の鎌と優の双子は、震災当初まだ小学生2年生だった。幼い頃から誠に付いて行って港が遊び場だった。小学校の時、なりたい職業の欄に書いたのは〝漁師〟だったらしい。

でも中学に入ると2人の素行が荒れ始めた。学校に行かなくなったという話を友紀から相談された。バイクを暴走族仕様にして走り回ってるらしい。誠もヤンキーだったし、血は争えないなと思った。友紀もさぞかし2人の将来が心配だったと思う。

中学を卒業しても、2人は高校に進学しなかった。鎌と優が選んだ道は〝漁師〟だった。ひさびさに会った優と鎌は、いっぱしの口をきくようになっていた。

「俺らの他に漁師を継いでるやつも少ねえし、磯部の海についても考えていかなきゃなんねえって、最近2人で話してるんですよ」

言葉を聞いてハッとした。ちゃんと腹を括って漁師の道を選んだんだな。進学していれば高校3年生で、まだまだ遊びたい盛りのはずだが、自分が高校生の時に比べてもよっぽどしっかりしている。

誠の父ちゃんも漁師だったが、船が津波で陸に打ち上げられ、一度は漁師を諦めかけたそうだ。跡取り息子は津波に飲まれて亡くなってしまったが、こうして孫が意志を継ごうとしている。誠の父ちゃんの歳を考えると、漁師として孫たちと一緒に漁ができるのも年齢的にあと5年から10年。漁の仕方や漁場を教えられる時間は限られているが、優と鎌は必死にそれを学ぼうとしている。

2人とも幼いながらに漁師としての父親をちゃんと見ていたんだろう。誠は〝職業〟としてよりも〝生き様〟としての漁師を背中で見せていたんだな。

優と鎌と一緒に、〈幸稔丸〉の甲板の上で写真を撮った。頼もしく成長した双子の肩を抱えながら、笑顔で立っている誠の姿がそこに見えるような気がした。

自分が優と鎌にできることは、何かあった時に相談に乗ってやることや、たまにビールを奢ってやることぐらいしかない。でもお前たちの父ちゃんは、きっといつでも近くで見守っている。

震災の直後、友紀に会いに行った時に約束したことがある。お腹の中に身ごもっていた誠の子供に、友紀は汐《しおん》と名づけた。

「汐が二十歳になるまで、俺は支援を続けるよ」

その約束がBOND & JUSTICEの活動をがんばらせてくれる原動力になっていた。

あれから10年。決して楽ではなかったし、不安に襲われることも沢山あった。そんな時でも沢山の仲間たちが、自分たちの地元を助けに来て支えてくれた。今度は自分たちができる恩返しをしながら、全国の被災地を飛び回ってる。

なあ、誠。

優も鎌も、仁も汐も元気に育ってるよ。

自分たちがそっちに行くのはまだ先だけど、いつも笑顔で見守っててな。近くで見ていてくれよな。

子供たちは、友紀や仲間たちが見守ってるからさ！

BOND & JUSTICE 支えてくれた仲間たち

佐藤貴彦（鬼ヤンマ）
千葉出身　82 年生

自分が言いたいことは、先輩方が言ってくれると思うので、口下手な自分は短く。

沢山の人に出会い、沢山のありがとうを貰いました。ご支援ご賛同頂きありがとうございました。

この場を借りて厚く御礼申し上げます。

LGY RYO
仙台出身　80 年生
ヒップホップアーティスト

地震発生後1週間位で東京からやっと地元仙台に戻って来ることが出来た。

地震発生後実家とも連絡が取れず心配していたが、なんとか連絡が付き無事を確認していたが、仙台着いて真っ先に実家に向かったら実家はもう住めるような状況ではなかった。

東京から地元に戻れない状況が続く中、大玉からの一本で電話だった。

「俺ら地元東北の為に動こう」と！

最初は、大玉の地元が1番大変なのに、何故そこまで周りの事を考えれるのか本当に疑問だった。けど、話をしてはっきり答えは出た。今の俺らがあるのは音楽、そして東北のみんなの支えがあったからだと。

地元に戻って家族親戚の無事を確認した。被災で亡くなった友人も数名いた。その人達の分まで頑張ろうと思いながら沿岸部に車を走らせるが、自分の目の前に見えるのは、この世でない光景だった。

その後、大玉の指示のもと大型免許を持ってる自分が物資運搬に任命され、拠点を名取市の倉庫にし、宇都宮の倉庫に全国から支援頂いた物資をピストン輸送を行った。今の現状、何が必要か各地域の情報収集を行った。正直、一人一人の意見を聞く余裕もなく、寝ずにトラックを走らせる毎日だった。

時には、食い物持って来いと怒鳴られることもあった。自分も実家を失った被災者だと言いたい思いを押し殺し、我慢の毎日だった。けど全てが嫌ではなかった。本当に喜んでくれる人達も大勢いた。

今でも忘れない老夫婦との出会いがある。

毎日、不眠不休で動いてた自分はもう身体に限界が来ていた。明らかに体調がおかしくなり運転も困難な状況の中、三陸道を走っていた。身体の異変を感じこれでは事故を起こしてしまうと、高速を降り石巻の赤十字病院に向かった。病院内は、被災された方達でいっぱいだった。診察を終えた自分に、隣に座ってた老夫婦が声をかけて来た。

「お兄さん大丈夫だった?」

色々話を聞いたらここも物資が行き届いてなかった。自分は「今トラックに物資があるので必要な物を持っていって下さい!」と伝え、「後日お届けさせて頂くのでご近所さんに声をかけて下さい!」と物資を積めるだけ老夫婦の車につめこんだ。帰ろうとした時、老夫婦は言って来た。

「お兄さんも被災者なのに何故ここまで出来るの?」

お二人とも目には涙が溢れていた、とっさに大圡に言われた言葉が出てきた。

「地元東北に恩返しをしたくて!」

老夫婦は「この物資のお陰で孫が救われました。ありがとう、ありがとう」と最後まで手を振ってくれた。その言葉のお陰で自分も頑張ろうと思えた。

その後、老夫婦とは連絡を取り合い近所の方達にも物資を渡す事が出来た。お孫さんからもらった手紙には、「弟のためにオムツありがとう」と書いてあった。

本来自分が勇気付けないといけない立場なのに、逆に勇気を貰ってしまった気がする。

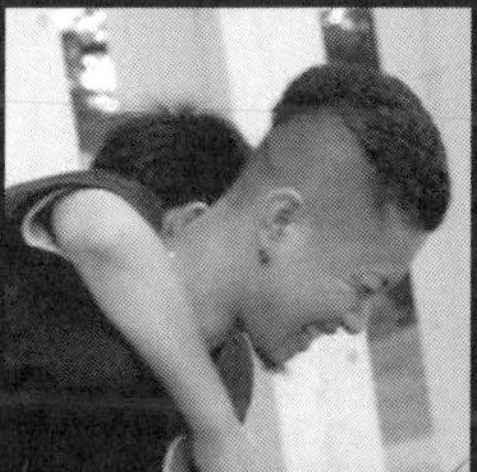

DJ FILLMORE
横浜出身　79年生
DJ

２０１１年3月11日東日本大震災「東北地方太平洋沖地震、福島第一原子力発電所事故災害」。おおちゃん(BOND & JUSTICE 代表)、Y.K.T(よこちゃん)を筆頭に、福島、宮城、山形に居る仲間たちから声が届いた。「助けてくれ」なんて一言も言われてないけど、現状を聞くたびに「何ができる?」って自問自答したのと、自分の無力さを痛感したのを今でも覚えています。

どれだけ悲しく、辛い思いをしているだろうと思い、無我夢中になりながら必要となる支援物資を集め、微力ながらもＳＮＳでの拡散、まだ何かできるのではと苦悩している中、今すべきことを的確にしてくれたのが後のBOND & JUSTICE代表となるおおちゃんの指示でした。

横浜に集められた支援物資を中継場となる栃木の倉庫へ。ワゴンの荷台パンパンに詰め込んだ支援物資を横浜から栃木まで1日使って3往復することもありました。

その後、栃木の倉庫から支援物資を必要とする避難所へ。そこでニュースでは見ていたものの、目の当たりにしたのは想像をはるかに超える東日本の変わり果てた姿でした。冷たい空気と泥混じりの潮の匂い、生を感じぬ光景……絶句。落胆しながら前を向こうとするも、涙で進む道も見えなかったです。

そこで避難所に物資を送り届けると、思いがけない避難所生活をしているみんなの姿でした。行った人、誰もが思ったことでしょう。現実に立ち向かい前を見て、明るく私たちを迎え入れてくれる姿。辛く悲しい気持ち抱えていたでしょうに。

私たちはみんなから元気、力をもらってしまいました。

ここまでは、ほんの始まりの一部です。

このことをキッカケに本気、真剣な仲間との出会いもありました。たかちゃんとかね。

10年経った今もBOND & JUSTICEと共に私はこの先も続けてまいります。10年真っ直ぐに進み続けるおおちゃん、BOND & JUSTICEの仲間を心から尊敬します。

USSA（臼田幸治）

岐阜出身　80年生
自営業

２０１１年５月のはじめ、友人の紹介で宮城県に支援に行かれる方々に同行させてもらった時、現地の案内として紹介されたのが大土でした。

自分は2度目の被災地ということもあり、協力してくれる友人達を乗せ、焼きそば６００人前の材料と機材。そして隙間に詰められるだけの物資を車に積み込み参加。

しかし宮城県仙台市閖上地区に到着して知ったのは、自分たちのグループは物資や炊き出しの受け入れ先を確保しないで現地に入っていたということ。

同行参加した自分たちも、行き先の詳細までは確認をしないまま参加していたので、案内役の大圡やその仲間もとても困っている様子で申し訳なく思いました。

飛び込みで伺った避難所にも断られ続け、やっと炊き出しをさせてもらう事になった避難所では、約束の時間に準備が整わず大変な迷惑を掛けてしまうという最悪の結果でした。

その夜自分たちは、大圡たちの仲間や他の支援者が集まっている物資拠点に泊めてもらうことになり、そこで初めてBOND & JUSTICEの存在を知りました。

「この人たちに支援の想いを託せば、自分や仲間に想いもしっかりと見える形で必要な人に届けられる!」

そう感じ、ボンジャスの活動が続く限り支援させてもらうと約束しました。その後は、様々なイベントでの広報活動、グッズの製作販売・飲食物販出店の売上寄付、店舗や企業での募金箱設置、支援したい人をボンジャスに繋ぐこと。動ける時には被災地での活動にも参加してきました。その時の状況・環境で出来ることは違っても、あの日たまたま仙台で出逢って10年。自分を通して、ボンジャスを通して支援に関わってくださった皆さんに本当に感謝しています。

CORN HEAD
横浜出身　77年生
レゲエアーティスト

災害復興支援に携わり感じる事。

被災地が地元から遠い時に特に思う事は、支援にあたるまでに係る経費に泣かされる事。

僕はアーティストとして家族を養い生きているので、時間は意外と自由に使えるのですが、ナカナカ人助けに行くのに五万円も六万円もポンと消える事に、しょうがないの一言では済まされない。トホホ。恥ずかしい話です。

人助けの前に自分が助けてもらわないといけなくなってしまう。だから、お手伝いに行きたくても行けない、という事が度々あります。そんな時は被災地の近くで時間のある方々に声がけして動いてもらえるようにSNSで発信するくらいしか手伝える事がない。

その時の携帯を打つ時の虚しさったら。実動した事がある僕からすると、情けないの極み。でも何もしないよりは、と思い打つのですが。

東日本大震災より自然大災害が毎年のように日本や世界各地で起きて

いるように感じます。去年の熊本の豪雨災害などからも感じる事は人手の圧倒的な不足。ボランティア募集、募集といくら叫んでも集まらない。既に従来のボランティアの募集のあり方では解決できなくなっているのだと思います。

皆、毎日仕事して暮らしているのに、わざわざ休みをとって無関係の被災地に向かう事って、側から見たらバカに映るんだろうな。今の時代。毎日仕事しても裕福にはなれないのに何日も休んで他人の為にタダ働きなんて誰がするの？　って感じでしょうかね？　僕はバカな方なのでバカしちゃうんですが。

何が言いたいかって？

防災省みたいなの作って日々災害に備える人達を確保しておけば、いちいちボランティアを無理に募集しなくても復興にあたれるのでは？　と思うのです。

いざという時に頼りになる人、非常時だから動ける人が今の時代には必要なのだと。

VEGA-T

山梨出身　76 年生
レゲエ&ヒップホップアーティスト

東日本大震災並びに各地の災害で被害に遭われた方にお悔やみ並びにお見舞い申し上げます。

俺達に託してる人たちのおかげでずっとお手伝いさせて頂いてます。

常に支援してくれている人たちの為に、こいつらに託して良かったと思うように無理してでも本当に困ってるエリアにお邪魔してます。

人の命、人の一生に関わる事に自分達のしたい事は関係ない。

被災者の方々が何をして欲しいかによって俺たちが動くそれだけ。

絶対。

どれだけ走ろうが、何をしようが1ミクロンも凄くもない、偉くもない。

俺たちを信じて託してくれる人たちがいるおかげで被災地にお邪魔できてるだけ。

伝えるのも支援、拡散するのも支援現場に行くだけじゃない、俺たちみたいな奴でも出来る事は色々ある。

たまたま俺達や身内が食らわなかっただけ。

明日は我が身。

当たり前なんか当たり前じゃない。

わすれんな2011。

吉田誠

東京出身　74 年生
事業家

２０１１年3月11日。

震災当時私は36歳で、東京都世田谷区にて飲食店を経営しておりました。３・11当日店舗営業中に、突然物凄い揺れ大震災に、その日から店を閉め暫くの間休業との張り紙を出した。

その時、今自分の人生で何が大切か？

今迄の事やこれからの事を真剣に考えた。結果この大震災が起き、今自分が何が出来るのかを考えた結果、支援活動を決意し行動に移した。

心有る人々が集まり災害支援に、とは言え色々な人々が集まり支援活動する事は、とても大変で色々な課題問題が有る。１人１人生まれや育ち環境も考え方も違う、大災害が起き被災した方々に、自分が今出来る事を決断した人々が集まり動き出す。全国の心有る人々が、何か出来る事を考え決断し、アクション行動を起こした。

生きる為に必要な食事や衣類や薬品、それに伴う生活必需品等を支援寄付して頂いた方々、支援物資を預かる場所を提供して頂いた方々、物資を仕分け整理して頂いた方々、災害地に運搬して頂いた方々、全て心有る人々の気持ちと行動が有り、起こせた奇跡的な活動だった。

「出来る事を出来るだけ」の活動を通して、支援される側支援する側の想い、気持ち・ご意見・考え方・活動方法・嬉しさ・悲しさ・難しさ。色々な出来事や想いを経験させて頂きました。沢山の方々との出逢いや別れを経験し学び、今私の人生がある事に感謝しております。

あの日３・11から、度重なる災害が日本を襲い、被災された方々に、謹んで心よりお悔み申し上げます。

私のこれからの人生も出来る事を出来るだけ、１つ１つ積み重ねて。

ブルックリンヤス（市村康朗）

東京出身　73 年生　ヒップホップレーベル『FUTURE SHOCK』代表

「直ちに影響はありません」

ダサいJPOPの曲のサビのように、政府がそう繰り返す中、横浜の〈ベイサイド〉では数十トンの支援物資がすでに集まっていた。顔を合わせたこともないが、同じヒップホップ文化の中を生きてきた同志たちの気持ちが溢れているようで、それを見て震災後はじめて自分は少し救われた気がしていた。そしてそんなところに現れたのが大圡雅宏だったのである。

福島出身のプロモーターがSNSで呼びかけ、彼の発信した言葉を全国のアーティストが拡散し、うねりが産まれていると自分のレーベル〈フューチャーショック〉周りの人間から聞かされてはいた。目の前に現れた大圡君が噂のその人物で、高速道路が封鎖される中、下道で数日かけてたどり着いたという彼は、ザッと荷物を見渡しながら、

「集まってくれた皆さん、ありがとうございます！　これをすぐに被災地に届けさせてもらいます」

と力強く言った。愚かな僕はその時はまだ、まさかその青年と同棲生活、そしてともに日本中を何十周するドラマを共有する事になるとはつゆとも知らず、

「トンボ帰りはさすがに大変でしょ。事故にでもあったら洒落になんないから、少しうちによって休んでいくといいよ」と、世田谷・用賀の自宅に招き入れたのだった。

そして震災から数日間で彼の身に起こったドラマを夜通し聞いた朝方、南相馬市の桜井市長に電話がつながった。

被害が広域におよぶために物資や手が回ってこず、送られてきているものはいまだ棺桶だけで食べ物も何もない。備蓄されていた少しの乾パンをみなで分け合ってる。そのうちの一つを子供に渡すと半分だけ口にして残りをポケットにしまうので、「どうするんだそれ」と大人が聞くと、「外で自分の家の飼い犬もお腹をすかしてるから」と言う。

当時スーパーの買い占めが問題になってる中。そんな話を聞いたら大圡君がすぐにでも行きたいと言う気持ちは重々伝わった。

自分は動物的なカンで、この流れを客観的に世に訴えるため、カメラマンや文章かける人間も同行させるべきだと判断した。が、知人のカメラマンやライターに連絡したものの、未曾有の天災に簡単に二つ返事で返してくれる人はいなかった。とはいえ行かないわけにもいかない……とにかく四の五の言ってるヒマはない。写真を撮るぐらいなら俺にもできるだろ？

ここまでが「BOND & JUSTICE」という壮大なミッションに自分が参戦した、あまりにも短すぎるイントロダクションである。

書きたいことは山ほどある。

初めて栃木の物資拠点の倉庫に着いた時、全国各地から集まった様々

な職種の同志がいたこと。

放射能から逃れるため、東北だけでなく関東からも避難する人たちが多くいると報じられる中、そこに集まっている決してガラがいいとは言えない人間たちからは、逆に「困ってる人のために何かするんだ」という覚悟や決心が表情から滲み出まくってたこと。

この時ほど普段は日常を共にしてない同志との絆を感じたことはなかった。

ヒップホップ文化を軸に、ローライダーやスケーターにレゲエ界隈の方々、暴走族上がりや多くのストリートカルチャーの中で生きている人間、社会的にみたらどう考えてもヤンチャな人間たちが想いを一つにしている。混じり合うことがなくても、同じ思いや境遇を歩んできた人たちとの合流はすごく心強かったと同時に、何このスーパーヒーロー物の最終回的展開!? と言う思いも頭によぎった。

自分は遥か遠い昔にニューヨークで暮らしていたことがあり、微力ながらヒップホップ関係者とのコネクションもないことはない。「日本のヒップホップ関係者たちが支援活動をしてると聞いたがお前か?」と、スヌープ・ドギー・ドッグとも親交が深いプロデューサーの友人から連絡があり、「そうだが、それがどうした?」と答えると、「お前に会いたがっているアメリカ人が某ホテルにいるから会いに行ってもらいたい」と打診された。

数日後、ホテルのロビーで待ってくれていた白人男性は、「君を見ていると若かりし日の自分を思い出す」と切り出した。

「私は『We are the world』プロジェクトのプロデューサーを務めていた者だ。マイケル・ジャクソンは総指揮を務め、他にもポール・マッカートニーらが参加した一大チャリティーのプロジェクトは、君も知っているかもしれない。支援活動で重要なのは集めた資金を、いかにも有効に必要な場所に届けるかということだ。君らは若く、動ける。そして想いを共にして動ける若者がいるだろう?」

「イキのいいのが増えすぎていて困ってるほどだ」

「オーケー。今回私はクリントン夫人と共にアメリカを代表し、日本の惨状に何かしら寄与できないかと言う名目で来ている。君たちの活動に協力したいのだが、生憎、数日後には帰国しなければならない。政府関係の会議や国際的団体が集う会議に君らをブッキングしておくので、とにかくそこで叫んできてくれ」

その数日後から、自分は大玉君を連れ、日本財団や政府関係の会合を次々とまわった。時には英語での会議の中、あえて大圡君の東北訛りの強い日本語で喋らせ、自分が訳すというパフォーマンスで耳目を集めたりした。もちろん「お前らみたいな場違いな輩が、場違いな場で何してるんだ」と冷たい視線や言葉を投げかけれることもしばしば。そんなことは百も承知でやっている。これが我々のやり方だ。案の定、

「必要なものがあればなんでも言ってくれ!」

と様々な海外の支援団体からはありがたい話をいくつも頂いた。自分らはただの運び屋だけど、「皆様の心意気、気持ち、バイブスをしっかり届けます」と約束し、その想いを実行に移すの我々なりの感謝の気持ち。持ちの湧き水が溢れ出し、重なり合い、流れを産み、小川になり、そして川となり大きな海へと繋がっていく。

ボンジャスの活動を通じて、そんな流れをいくつか作ることが出来たのは、自分にとって誇りになっている。

ボンジャスの活動を通じて、自分がやっていたレーベルの音楽でヒップホップに目覚めたとか、そのまま自分もアーティスト活動を始めたと言う人もいれば、その想いをきっかけに起業したという言葉もいくつももらった。

レーベルは商業的に大成功とは言いがたいが、支援活動を通じてヒップホップ文化の礎になっていると強く感じれたのは、その後の人生の自信であり、宝となっている。

FU
千葉出身　74 年生
元プロデューサー

一本の電話があった。

それはオオドからの電話だった。

他の東北の友人達と何も連絡が取れていなかったので、ようやく東北の仲間と話が出来た。

というか、本人の声から動揺がすぐに伝わってきた。そちらはどこにいるのか？　の問いに、今青森にいる。東北を抜けてこちらに向かう予定だと話を聞いた。

とにかく彼を落ち着かせて、次どうするかを考えオオドの移動中お互いに何回も電話で話しながら、物資の手配と仲間の安否等の話をしていた。

東北だけでは無く、地元千葉、茨城の被害を聞いて松戸の DELI と HULK さん、MARGE 達と千葉の DJ TAKA 達に連絡を入れて彼等を始めとした ANBU 君やナベさんやその他各地の友人達へ物資を集めて欲しいとお願いしたら直ぐに動いてくれ

た。クラブやライブハウスの人達が場所を貸してくれた。

　オオドに全国に同じ様に動きがあって飲食店も場所を提供してくれたりとか、沢山の話を聞いてヨシこれなら何とかなるかも知れないって思った感覚を今も覚えている。北から下りて来る人とは横浜で合流することになった。

　各地の拠点を確保。単純に言ってしまっているがそれは凄い事で沢山の人が協力してくれたから出来た事。人って凄く暖かいって思う。

　オオドと話した後にBYASに連絡を入れ協力をお願いして2つ返事で了承を貰ったやはり彼は熱かった。同級生のMAKOTOから連絡がありお互いの情報を交換して連携して何かしようと話していた。実際に彼等がその後も大活躍をしてくれた。本当に二人の気持ちがありがたいし、やっぱり間違いない人達だと思う。

　全国の仲間が本当に奇跡的なスピードで驚く量の物資が横浜に集まっていました。音楽の仕事に携わって来て底知れないパワーと団結力と沢山の愛を感じた日だし東北へ向けての皆の気持ちを預かることの大切さと責任を持って確実に送り届けると誓った日だった。

　オオドの叔母から南相馬市の桜井市長に繋いでもらいTwitterの説明と発信して欲しいことを伝え、必要な物資は何か等幾つかを話し、南相馬からトラックが来る事になった。南相馬市とのホットラインが出来た。これにより全国に南相馬の実情を拡散することが出来た。大きな一歩だった。

　横浜の拠点に着き整理しながら待っていると、南相馬のラッパーの三島達が真っ青な顔で来た。悲惨な街の現状や道中の話を聞いてやはり事態のヤバさが伝わってくる。

　オオドは無事に着くのか？　他の東北の仲間たちは大丈夫なのか？　あまりの状況で皆無言になりながら仕分け作業を進めていた。時間が長く感じてならなかった。

　途中ホワイトボードに色々書き出したりしながら何が出来るか話し合いをしていた。

　オオドが到着してそれまで何も状況の掴めない中、皆の色々な話や情報をまとめていくとあまりに現実離れしていて、今までより一つ緊迫感が増した。

　我々も高速道路に入れる緊急車両3台分のパスが支給される事になり初回東松島↓石巻に、2回目南相馬に行ける事になり、物資を積み込み、決死隊としてVEGA-T、麻苧君と合流し、東京からオオド、BYAS、MAKOTO、百ちゃんと自分の7人で現地へ向かう事になった。もちろんフクイチの状況も深刻化しているし、前述したが被災地は未曾有の状況の最中である。

亡くなった母に助けに行くと話をすると直ぐにこんな答えが来た。

「死んでもいい、人の役に立ってこい。大切な人の為に命をかけて行ける息子を誇りに思う。もし死んだら次は私が行く。だから気にせずに行って来なさい。骨は拾ってやる」

その言葉に押されて覚悟がより一層出来た。

自身の携わって来た音楽はHIPHOPで、それはレベルミュージックだったからかもしれない。

沢山の仲間達のおかげで沢山の経験と幸せを経験できた。今の自分がいるのは仲間達のおかげで、だから俺に迷いはなかった。

全国の仲間達があんなに沢山の物資を送ってくれて、時間を使って協力してくれて沢山の支援の形が産まれていて、そこに無駄な会話も全く必要無くて、皆のパワーと愛とエネルギー。

これこそHIPHOPだよなって思ったりした

必ず仲間の分も俺が責任持って行かなきゃって思った事が最初の俺の出来事でした。

その後沢山の仲間達と出会い共に動き自分に出来る事だけしか出来なかったが、支援活動を通じて出会った全ての人に改めて感謝したい。

どんな災害時でも、俺達だけでは無く沢山の心ある人がいて困っている人の力になっている事を知って欲しい。

俺達は大した事はしていない。皆の気持ちに助けられて、支えて貰ったから出来たんだと思います。

最後に災害で亡くなった方々と、残されたご家族の方々に改めて謹んでお悔やみ申し上げます。

DJ MAMBOW
福島出身　76年生
DJ

３１１のニュースを見たときに身震いを超えて失望感が生まれた。しかしその瞬間に何か俺がやれることをないかとTwitterで軽トラを持っている仲間を募集した。すぐさまその仲間と合流し、先輩の所へ物資を取りに行った。山積みになった荷物を背負いながら「上を向いて歩こう」を聞いて涙を流した。

仲間たちと合流し炊き出しが始まった。ボンジャスと合流してからは、毎日炊き出しをこなしていくのが当たり前の日々になっていた。おむすびを渡した時にお婆ちゃんが涙を流しながら言った有難うが本物の有難うなんだと、その時知った。

日々の活動はもちろんその時間に1円も発生しない。待っている家族に生活費を渡さなければいけないが、なかなかうまくいかず消費者金融からお金を借りた。そしてそれがマックスに到達したときに嫁にばれた。それを見た嫁はまっすぐ銀行へ行けと。貯蓄を崩してその支払いをした。情けなかった。

その後もボンジャスを続けるが、目に見えない放射能と言うものにさらなる不安を感じた。迷うことなく一番近くて一番放射能がないエリア新潟へ行き、その日のうちに部屋を決めてその1週間後には引っ越ししていた。

その判断から10年間離れ離れに住んでいる。後悔など何一つない。放射能から子どもたちを守ったと思っている。しかし子供たちの成長を一緒に過ごせなかった事は、寂しい現実として自分の宿命として受け止めるしかない。一番は小さい子供たち3人をたった1人で朝から晩まで面倒を見てくれた嫁さんに感謝だ。

無我夢中だった２０１１から２０２１は俺の人生にとってかけがえのない10年になった。今があるのはその時出会った仲間たちとその時の経験があったから。そしてマインドはいつもFOR YOUを意識している。

ハンサム判治

愛知出身
73年生まれ　ミュージシャン

「桂島で炊き出しやるんでハンさんも一緒に来てください」

これがボンジャスとの始まりだった。桂島に外部から支援に行くのはワシらが初めてだったもんでご馳走とかお酒も用意して炊き出しをやらせてもらった。

「避難者は我慢しろ！」なんておかしな話だでね。「避難所に泊まるなんて！」って言う人もおったけどそれぐらい家族のように付き合うのがボンジャス流。

石巻で被災した友達が震災前みたいに家で仲間とBBQやりたいって話になって、10人分ぐらいなら肉はワシが全部用意するぜ！ってなったんけど、2日前に１００人ぐらい集まっちゃう事になったと連絡が。「１００人⁉やばい！」って大圡ちゃんに相談したら「ハンさん何とかします」って米国食肉連合会を繋げてくれて１００人分の肉を用意してくれたんよ。マジで規格外の支援隊。

大圡は日本一支援活動をやっとる

奴だけど「ボランティア」って言葉が一番似合わん男。一生付き合える奴だと思っとる。

　起こったことは最悪だけど出会えたことは最高！

　実は震災直前にでかいバンドを解散して一度は音楽をやめようと思った事もあったけど東北で出会った人たちが必死で頑張っとる姿を見てまた音楽シーンに戻る事を決意した。ある意味恩返しでもあるもんで一生かけてワシにやれる事をずっとやらせてもらえたらと思っとる。

薗田賢次
東京出身　68年
映画監督

「BOND & JUSTICE」。通称ボンジャス。

　でもボンジャスって何なんだろう？「被災地支援」って文字や言葉にすると、堅苦しく仰々しくなってしまうところだが、ボンジャスには「ボランティア」という感覚は一切ない。

　例えば、近くで困っている人がいたら、何か助けになる事をしたいし、自分が困っていたら、誰かに助けて欲しい。そんな、「持ちつ持たれつ」「人と人」って感覚が根っこにあるチームだ。

　その中でもど真ん中にいる大玉は、台風の目というか、ひたすら動くし、年がら年中誰かと話し、お願いをしたりされたりしている。スーパーアナログな人誑しであり、お願いの達人である。

　だからこそ３１１の際も、真っ先に動き、人を頼り、人が繋がり、その連鎖で、四の五の言ってらんない状況の中、動き回る事ができたんだと思う。

　僕は、３１１から1年後の桂島で、ボンジャスのみんなと会い、そこから今まで、行動を共にしてきた。

　炊き出しの際などにボンジャスのメンバーは元気で明るく被災者と支援者などと思っておらず、人と人、お互い様でお陰様が浸透し、性別や年齢などの区別は一切なく、人と人が繋がって行った。

　大玉は、特にご高齢のおばちゃん達にすぐに溶け込む。というか、あっという間に仲良くなる。

　気を衒わず、何でも話し、いつも下ネタを言い合っている。おばちゃん達からすると、理想の息子の姿なのかもしれない。

第二章

学んだこと、感じたこと、思ったこと。

同じ釜の飯

同じ釜の飯

被災地支援での自分の一日は、まだみんなが寝ている時間から始まっている。まずは仲間の朝飯の準備。

昨日までは見ず知らずの他人同士が、今日からは一つ屋根の下で共同生活を始め、同じ〝釜の飯〟を食う。全国の何処の被災地に入っても、現場での自分の一番重要な役目は「寝床の確保と基地の確保」だ。

朝飯を作るのは自分の役目なので、夜は大体みんなより早く、9時か10時には寝てしまう。

最初に現場に到着した団体は、避難所内での炊き出しスペースと、スタッフの寝床その両方をまず最初に確認する。支援のために集ってくれた仲間たちの目的は皆一緒で、「**被災者の皆さんの力になる事**」。

その日だけ支援に来てくれる、初めての仲間も沢山いる。それぞれの役割分担を難しく考えても仕方ないので、それぞれができることを探し、実行する。

調理ができる人は、炊き出しを！　物資の調達ができる人は、物資の支援を！　力仕事や修繕の作業が得意な人は、現場の支援を！

だから調理経験のある自分は、朝飯を担当している。朝食の準備を始めると、次第に仲間たちも起き始めて、起きた人が人数分の茶碗や取り皿を準備し始める。味噌汁のいい匂い。朝食ができた。

「いただきます！」

初めましてのメンバーや、数度目のメンバーもいる中「おはよう」「飯食った？」から始まる人間関係。「ツレのツレ」から始まる出会い。その日限りのメンバーもいるが今日一日は、このみんなが炊き出しのチームだ。

「ごちそうさま！」

自然と朝の作業の流れができる。配膳をする人、片づけをする人、洗い物をする人、現場に向かう準備をする人、それぞれがテキパキ動く。

基地で簡単な朝食を食べた後は、炊き出しが行われる避難所に向かう。炊き出しの味付けは、その地域ごとに毎回変えている。例えば味噌汁。風土の違いによって、味噌の種類が違う。甘みも違うし、塩辛さもそれぞれ違う。

その土地の味付けを学ぶには、その土地のお母さんに味見してもらうのが一番早い。煮物や酢飯に「そんなに砂糖入れるの⁉」と驚くこともある。

「人」を「良」くすると書いて「食」。炊き出しを行う上で、とても大事にしている言葉だ。

避難所生活の中で唯一の楽しみとも言える〝食事〟。もちろん弁当もありがたいが、〝誰かが想いを込めて作ってくれる食事〟の重要性を自分は知っている。

ただ腹を満たすのではなく、心まで幸せでいっぱいになるように、ありったけの想いを込める。

「今日も一日、被災者の皆さんに寄り添い、力になるんだ」。

根っこ

根っこ

被災地だけに限ったことではないが、どこの土地にも、ご先祖様から代々受け継いだ土地に住み、そこに根を張り暮らしている人々がいる。ずっとそうやって生きてきた。

「まさか自分が被災者になるとは思わなかった」

どの被災地でも必ず耳にする言葉だ。

東日本大震災の時、福島県南相馬地区は7万人ほどだった人口の多くが避難を余儀なくされ、一時はその人口が1万人にまで減ってしまった。

10年経った今でも、避難生活をしている人もいる。地元を離れて、新しい生活を築いている、築かざるを得なかった人もいる。

震災から数年後、地元の後輩と話していた。

「実は実家を売って避難先に家を建てたんだ……今は親もこっちで一緒に生活してる」と言っていた。

そのときは「それはそれで正解なんじゃないの?」

と答えた。正解なんてないんだから。

お互い言葉には出さなかったけど、その後輩からは大きな悲しみのようなものを感じた。生まれ育った故郷が被災し、それにより新しい土地での生活を始めなければならない現実に、希望よりも不安のほうが大きかっただろうなと思う。

もしも自分だったら、福島から避難した先で、前向きな気持ちで新生活を送れるか？　今でもたまに、そんなことを考える。

自分も震災当初は「福島から早く避難した方がいい！　国も行政も守ってくれない！　子供を守れるのは両親だけだ！」とＳＮＳで繰り返し投稿し続けた。

でもある日を境に、避難を勧める投稿を止めた。子供の頃からきょうだいのように一緒に生活をしてきたいとこから、泣きながら電話がかかってきた。

「雅宏が言ってることは正しい。正しいけど、ここには私の旦那と子供がいて、この土地に家業があって、従業員と従業員の家族がいる。自分たちだけ避難なんてできねんだ」

〝根っこ〟は簡単に変わるものじゃない。でもあの大震災は、そんな人々の根っこまで、変えてしまった。

福島に残る決断をした人、福島から避難した先の新しい土地で新しい生活を始めた人。みんなそれぞれに、言葉にはできない胸に秘めた想いがある。

「いつまで住めるか分からなくても、少しでも長くここにいたい」

津波で家が流された漁師のおんちゃんたちは、海の見える場所にまた家を建てた。

生まれ育った土地に根差したものはそう簡単に変えられない。一度張った根っこは、そう簡単には抜けない。

人々はその土地に暮らし、家族はその土地と共に生きてきた。それが故郷。そこには自分たちが生まれる前から続いてきた人々の暮らしがある。

0と1

0と1

被災地支援も、今までやってきた仕事も結局、やるかやらないか。それだけ。やる理由もやらない理由も、並べ始めたらきりがない。

「あれ、俺もやろうと思ってたんだよな〜!」

どんな良いアイデアが頭の中にあっても、行動に移さなければ何の意味もない。もちろん、チャレンジは成功ばかりでもないし、失敗して後悔する事だって沢山ある。

「やらずに後悔するか？　失敗するかもしれないけどやってみて次に繋げるか？」こんな判断を迫られた時は、必ずやる方を選ぶようにしている。「今度やればいいや」と思っているうちに、チャンスもタイミングも逃がしてしまう。

こういう時は「自分が主人公の人生」として考え、後悔をしないように〝やる〟を選択する。シンプルだがこの判断が本当に難しい。むやみに挑戦をあおっているわけじゃないのも、わかってほしい。人それぞれ立場や環境が違うんだから。

自分にとって「やってみる」ということは座右の銘みたいなものだ。「後悔をしないこと」。迷った時こそ、この意志が人生のコンパス／指針になり、自分の進む道を照らしてくれる。

東日本大震災によって、自分の地元の南相馬はマイナスからのスタートを余儀なくされた。そこからまた何かを始めるのには、自分たちだけではどうにもならなかった。でも支援者の皆さんに支えられ、背中を押してもらい、また歩き始めることができた。0を1にするのは本当に大変なことだが、一度動き出すことができれば1を2、2を3に進めていける。

自分が今も「南相馬出身」として被災地に赴くのには理由がある。自分たちもみんなに支えられて前に進むことができた。だから他の被災地の方々にも「自分たちも前に進めたんだからみんなも大丈夫」と、経験してきた者として伝えることができるから。

命を守る事

最優先にするべきことは、命を守ること

２０２１年1月、半年間に亘る熊本県人吉での災害支援から帰って来て、久しぶりに仲間のお墓に線香をあげに行ってきた。

東日本大震災の時、消防団員だった地元の仲間が、人々を避難させている最中に亡くなった。

自分は21歳頃から仙台に住んでいたので、消防団に誘われたことはなかったんだけど、地元に残っている仲間は意外と消防団に入っていたりする。地域コミュニティの慣例として誘われたりする。ちなみに消防団員の一日の報酬はたったの１５００円～３０００円。

ある仲間に「消防団に入った時にどんな話をされるの？」と聞いてみた。

「地域のために貢献してください」と言われるそうだ。こう言われたとしたら、自分も断るのは難しいと思う。

東日本大震災を経験した身として、消防団の先輩方に聞いてみたいことがある。

「何を最優先にして活動しているのか。自分自身の命を守ることも教えているのか」

残された家族のためにも、今後消防団に入るであろう若手のためにも聞いてみたい。

この震災で、東北3県で亡くなった消防団員は253名。それぞれには家族もあっただろう。消防団員だった仲間にも家族がいた。こんなに多くの消防団員が避難誘導の際に命を落としてしまったことに、自分は疑問を感じている。

「命を守ることが最優先なのは間違いないけど、その命には自分の命も含まれてんだぞ？　それも含めて守るべきなんじゃないの？」

自分はそう問いたい。消防団の方には他にも聞きたいことが沢山ある。消防団だからこそ分かる地域の住民の家族構成や、この家には足の悪いばあちゃんがいるとか寝たきりのじいちゃんがいるとか。消防団にしか分からない、その地域のこと。

長らく地元を離れた生活をして、外から見ていたからこそ見えることや地元に残ったからこそ見えることを、この10年を振り返りながらまた、話してみたい。

人を助けることも大事だけど、自分の命を守ること。命を犠牲にすることではなく、自分の命も守ることも大事だと思う。これ以上、同じような悲しい別れがありませんように。

人として

人として

被災地支援を始めるのにも、人それぞれのきっかけがあると思う。ちょうどこの原稿を書いてる今日は2021年1月18日で、1995年に起きた阪神淡路大震災の翌日だ。

SNSで沢山の皆さんの「あの時の想い」を目にする。

当時中学生だった自分は、テレビで見た映像には恐怖しか感じなかった。まだ、自分で行動ができる歳でもなく、何ができるわけでもなかった。

阪神淡路大震災から16年後、東日本大震災が起こり、被災者として、当事者として、行動することができた。

あれから10年間、自分たちは各地で沢山の支援活動をしてきた。

被災地支援をしていて沢山の人に出逢う。人生を支援活動に捧げている人も沢山いる。

その度に「何が原動力になってこの人を突き動かしているのか、そのきっかけや思いはなんなんだろう？」と聞きたくなる。

生活が被災地支援中心になっている人を見ると興味が出る。周りからしてみれば、自分もその一人だと思うが。

自分の場合、被災地での「沢山の約束」と「支援者から受け取ったバトンを預かっていること」が原動力になっていると思う。それと、「人として」ということを感情の中心に置くこと。

じいちゃんばあちゃんが困ってたら助けるとか、子供たちが腹を空かしていたらご飯を作るとか、そんなことは当たり前だ。

自分はなるべくシンプルに物事を考えるようにしている。困った時はお互い様なのだから。それは子供も大人も変わらないと思う。

東日本大震災の際に、「乾パンをもらった小さい子供が、それを半分に割って自分の飼っていた犬にあげた」という話を聞いた。その子供にとってはそれが当たり前の「困った時はお互い様」だったんだろう。

人それぞれ、支援に対するきっかけや中心に置いている言葉は違うと思うけど、そのどれにも意味や理由がある。また、それを学ぶことで、「支援に対する捉え方」の勉強になる。

これを書いている2021年1月時点で、コロナ禍での支援の難しさや、人それぞれの安全性の捉え方の違いを実感している。でも、それは今後の各支援団体や個人での対策に活かしていくためには必要な経験だと思っている。

これからも起こり得る自然災害に対してどう行動するか？　どう対応するか？

これからも自分は「人としてやるべきこと」を大事に、動いていきたいと思う。

音楽から学んだこと

音楽から学んだこと

リスペクト＝敬意・尊敬

支援やボランティアは、義務でも仕事でもない。給料が出るわけでもない。やれる人がやればいいし、やれない人はやらなくてもいい。止めたければいつ止めてもいい。誰も強制はしない。ただ、いつでも支援の役割に気づくことはできるし、どのタイミングからでも始められる。

自分が支援活動を始めたのは30歳からだった。被災の当事者になって、初めて支援活動の重要性に気づいたし、ありがたみも身に染みた。これまで関わってくれた人たち全員をリスペクトしている。

支援活動をする中で、お互いへの敬意がどれだけ大事なのかを実感する機会が沢山ある。全国から集まって来る物資の購入費や運搬のためのガソリン代、自分たちの活動費だって、被災地に直接来ることのできない仲間たちや支援者の皆さんが集めてくれて、自分たちを信じて託してくれたもの。皆さんの協力があってこそ、活動できているということを絶対に忘れてはならない。

被災地支援はお金が無ければできないが、自分たちは断じて金のために活動しているわけではない。言葉だけじゃ信じてもらえないからこそ、現場で「動く支援」とそれを遠くから「支える支援」、その間の信頼関係が重要なんだ。心の真ん中に〝リスペクト〟を。

ガイダンス=導き

日々の小さな出来事も気づきも、大きな〝縁〟に導かれているような気がする。

出会ってからまだ日が浅いのに、今は家族や地元の仲間よりも長い時間を共にしている支援仲間のみんな。音楽漬けの生活だった20代では絶対に出逢うことのなかった、被災地の方々。被災地支援をしていなかったら、今こうして共通の目的意識の中で繋がり、同じ時を刻む事はなかったと思う。

これもすべて自分の人生の中の大事な〝ガイダンス〟として受け入れている。

レペゼン=代表する・象徴する

東日本大震災の後、初めて物資を集めていたとき、各地域の先輩方がそれぞれ支援の呼びかけをしてくれたこと。自分を信用して物資を託してくれて、支援に繋がったこと。音楽関係の人は音楽の仲間や地元の仲間へ声をかけてくれて、洋服屋さんはお客さんや地元の仲間へ声をかけてくれて、ローライダーの先輩たちは全国のローライダー仲間に声をかけてくれた。それぞれの皆さんが、地元またはホームグラウンドで長年培ってきた信用から繋がった想いを自分たちを通して被災地へ託してくれた。

自分は、皆さんに支援してもらった東北・福島から被災地支援を繋ぐ人間を〝レペゼン〟してこれからも動いていく。

信じる

信じる

SNSなどで面識のない人から「炊き出しに参加したいのですが」とか「物資を送りたいので預かってもらえませんか」という依頼が度々ある。

そんな時は、とりあえず信じてみる。でも意識や認識の食い違いでうまくいかないことも多い。でも、まずは信じてみることにしている。

東日本大震災の時にも、支援をしたいという人から突然「怪しい者ではございません」から始まるメッセージがFacebookに届いた。その人との関係は続いていて、今も支援仲間として一緒に動いている。それが鹿児島のBOND & JUSTICEメンバーのいづみちゃん（笑）。

「想いが先走って行動すると、あんな文章になるのね！」

その時のことは今でも笑い話になっているが、こういう出会いばかりではない。

「知り合いの知り合いが炊き出しをしたいとのことなので、炊き出しできる場所のマッチングをお願いします！」

こんな依頼も頻繁に届く。先日も、日時と場所を決めて着々と準備を進めていたのに、開催日の前々日になってから急に「やっぱり本業が忙しくなったので行けません」という内容の電話があった。

「避難所の方々はこの日を楽しみに待っていると思うので、本業が忙しいのであれば仕方ありません！こっちでフォローします！」

そう伝えると、自分は電話を切った。

こんな感じのドタキャンも多いので、これぐらいのことは想定している。もしもの時のことを考えて、必ず自分たちがフォローできる範囲で依頼を受けている。

とりあえず人を信じてみるのには理由がある。自分たちは支援活動を行う上では「繋がり・信頼・約束」を大事にしている。連絡がきて「なんだか怪しいな」と思っても、「何か力になりたい」というその想いを被災地に届ける前に自分たちが途切れさせてしまったら、それはBOND & JUSTICEの信条に反してしまうからだ。

だから、繋がりを信じて約束する。

ドタキャンしたお店の方は、「タイミングが合えば炊き出しを」ぐらいに思っていたのかもしれない。支援に対する意識の違いは仕方がない。

「信じるということ」は、その「信じた責任を負う」ということでもある。これまでに数え切れないほどの繋がりに助けられてきた自分は、これからも信じ続ける。

当たり前の明日が

当たり前の明日が

被災地支援を続けてきた中で一度だけ遭遇した出来事がある。

地震から約1ヶ月後のこと。三陸の避難所廻りをしている時に、一緒に手伝いに来ていた仲間がたまたま道路沿いで「避難所はこちら→」という看板を見つけた。

その避難所に向かってみたら、それまで連絡が取れなくなっていた知り合いと再会を果たしている場面に遭遇。奇跡的な瞬間を目撃した。

「生きてたのが〜！　いや〜良かった。本当に良かった！」

支援活動を続けてきて、自分は生と死が隣合わせだということをまじまじと感じた。

自分たちも、炊き出しを通して交流してきた避難所のおんちゃん、おばちゃんが病気で亡くなったり、物資を運んで来てくれていた知り合いの方が数年後、バイクの事故で亡くなったりした。

自分たちのメンバー内だけでも横浜の先輩、奈良の先輩、山梨の先輩、岐阜の仲間、三重の後輩、岡山の先輩、千葉の先輩、いわきの仲間、ボンジャスメンバーのお父さんやお母さんなど、急な病気や事故などでの予期せぬ別れを沢山経験してきた。

死別を経験する度に思うことは「『ありがとう』や『ごめんなさい』という気持ちや、思っていることなどを言葉でちゃんと伝えておけばよかった」ということ。

亡くなった後に後悔しても、もう墓前で伝えることしかできない。

沢山の想いと出会いがこの10年間を繋いでくれていることを、この本に残しておきたい。

「これまで支えてきてくれて本当にありがとうございます。これからもみんなの分まで走り続けさせていただきます！」。

動く支援と支える支援

動く支援と支える支援

今までこうして約10年間、BOND & JUSTICE が活動してこられたのも、全国各地の支援者の皆さんが背中を押してくれるからこそだと思っている。

震災当初「俺たちは通信簿11115の集まり」ということをよく話していた。不得意なことが沢山あっても、何か一つでも飛び抜けた特性があって、それを活かしながらできることをやれば良い。

料理が得意な人は料理を！

運転が得意な人は運転を！

仲間との繋がりが多い人は繋がりを！

声出しが得意な人は声出しを！

顔出しが得意な人は顔出しを！

歌を歌える人は歌を！

メンバーそれぞれの特性を活かしながら、その年月と共に支援の輪を広げてきた。

活動開始当初は、支援活動のための資金繰りにも本当に苦労した。最初の5年間ぐらいは、メンバーそれぞれが自腹を切ることが当たり前だった。今でも自腹を切ることもあるけど、それぞれ無理がない範囲で動けるようにはなった。

時間と共にメンバーの移り変わりもあるけど、その度にロールプレイングゲームのように出会いと別れがあり、ピンチになったときには手を貸してくれる仲間たちには本当に感謝している。

結婚したり、家族が増えたり、転職したり、引っ越ししたり、それぞれの環境が変化する中、〝支える支援〟として募金をしてくれたり、物資を送ってくれたり、後方支援をしてくれる仲間たちがいるからこそ、自分たちは現場での〝動く支援〟に集中できている。感謝の気持ちをいつも持ちながら活動している。これからも起こり得る自然災害に対して、自分たちができる支援の形を日々模索しながら、備えとしての〝動く支援と支える支援〟の輪を作っていくことが大事だと思っている。

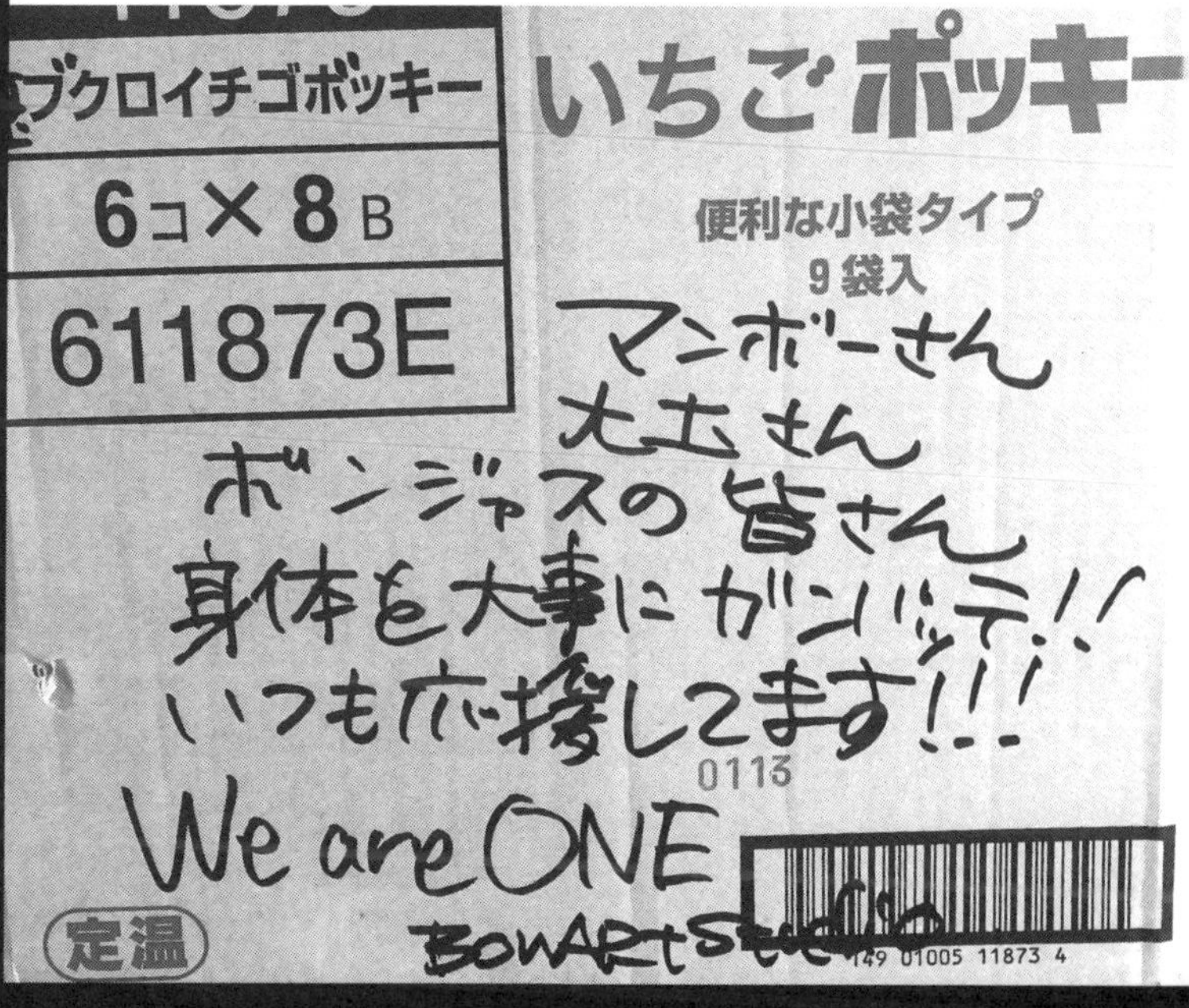

役目

役目　大縄跳びを回す係。補助輪の役目。

BOND & JUSTICEの活動も今年で10年目。沢山の支援者の方々がいてくれたからこそ、続けてこられた。被災地支援は一人だけでは大したことはできないけど、多くの人たちの支えがあれば、大きな力になる。

〝大縄跳びを回す係〟これには二つの意味がある。BOND & JUSTICEチームの初動はどこのチームよりも早い。被災地支援の現場に到着するのも一番早いので、まずは自分たちが現場の状況を把握し、炊き出しの現場を整えておく。そうすれば、他の支援団体がやってきた時にも情報を素早く共有できるし、余計な手間がかからずに炊き出しの準備に取り掛かれる。みんなが集まってくる前に「既にボンジャスが大縄跳びを始めている状況を作っておく」ということ。「もう準備ができてるからいつでもお入りなさい」と大縄を回して待っているわけだ。

もう一つの意味は「俺たちはいつでも全国どこの被災地支援にも入っているから、それぞれが来れる時に手伝いに来てくれたらいいよ」ということ。人それぞれ、支援ができるタイミングは違うから。みんな仕事もあれば家庭もあって、それぞれに生活とその時々の事情がある。動きたくても動けない時もある。ある日、炊き出しの手伝いに来てくれた仲間から「この間の被災地支援の時は予定があってどうしても行けなくて、それがずっと気がかりだったんだ。大圭たちが支援活動を続けてきてくれたから、俺は今日ここに来れた。ありがとな」と言われた。

もう一つの例。2016年の熊本地震の際には仕事の合間を縫って週3~5日間の支援をしてくれていた仲間が転職をして、医療従事者になった。コロナ禍真っ只中の2020年、熊本人吉支援の際、その仲間は医療従事者のため、数ヶ月間支援活動ができず、自分の気持ちと葛藤してたという話を聞いた。「熊本地震の際はあれだけ動いていたのに、今回は動かないの？」

動きたくても動けないのに、そんな声を周りからかけられて辛い思いをしたらしい。

もし動けなくても、自分たちや他の仲間に託してくれることも、支援活動には変わらない。

〝動く支援と支える支援〟として、双方が補い合って活動ができているんだから。自分たちはできる限り〝支援の縄跳びを回す係〟として動き続ける。

〝補助輪の役目〟

自分たちはただ「被災地の皆さんに寄り添いながら、自分たちのできる支援を」との想いで行動している。被災の直後は、元の生活に戻るまでが困難の連続だ。被災者の皆さんが立ち直るまでの間、自分たちは〝自転車の補助輪〟のようにそっと寄り添うだけ。皆さんがいつかまた補助輪なしで走り出せるようになってくれたらそれでいい。自分たちの役目はそこまで。被災地が再び当たり前の日常に戻れるように。

被災者から支援者へ

被災者から支援者へ

10年間の支援活動を続けてきたからこそ見えてきた支援の形がある。東日本大震災や熊本地震の際は被災者として〝支援される〟側だった方々が、その後に起こった災害の際には〝支援をする〟側になってくれた。物資や支援金を自分たちに託してくれて、〝被災地から被災地への恩返し〟をしてくれた。

災害の初期段階に必要な物資や、過去に自分たちが支援してもらったからこそ分かる、避難生活に必要な物資を送ってくれている。その物資にはかなりの割合でお礼や応援の言葉が添えてある。みんなもその言葉に助けられてきたからこそだ。「今度は自分たちの番」という思いで支援してくれている。

熊本地震の際に支援に入った城東小学校の方々とは、その後の被災地支援の際も自分たちと連動して支援活動を行っている。

熊本県立総合体育館避難所の方々とは、避難所解除後も毎年4月に防災訓練の講演や模擬炊き出しをさせていただいている。

これから起きる自然災害のためにも「被災者の声とその後の行動」や「被災したから気づいたこと、その備えとは？」など、被災者の方々の実体験を基にした被災者支援の形づくりと実体験を参考にした支援の方向性も考えていきたいと思う。今こうして支援活動ができているのも、〝支える支援〟のおかげなのだから。

被災地支援を長期で継続して行く中で、被災地復興の中心に据えるべきことは、「地元の人間が立ち上がり、被災者としての経験から支援者のリーダーになり、自分達の地元・地域の再建、復興の要になること」だと思っている。

まだ10年、もう10年。地元を再建するには自分たち大人から子供たちへの支援の種蒔きから始まると思っている。被災を経験した子供たちも、大人たちの背中を見て育っていると思う。

地元のツレ
減る事は有っても
増える事は無い

地元のツレ、減ることは有っても増えることは無い

震災以前にも病気で亡くなったり、事故で亡くなったりした仲間がいた。

20歳くらいまで生活していた地元の相馬は「ただいま〜！　久しぶり〜！」と帰れる場所であり、素の自分に還れる場所だ。

早くに結婚した仲間は19歳や20歳で子供を産み、自分が仙台生活をしながら遊んでいる間も、みんな真面目に仕事や子育てをしていた。

「おーどは良いよな〜！　自由で（笑）。俺も遊びてぇけど家や子供のことがあるし、もう昔みたいにはいかないな〜！」

地元に帰ればいつもそんな話をしながら、仲間と酒を飲んだ。帰ってくる度に仲間の家族が増えている。子供たちの成長を感じながら、仲間の頑張りが伝わってきた。

２０１１年3月11日、地元の南相馬は地震、津波、

原発事故という三重苦の町になり、すべてが変わってしまった。みんな本当に大変だったと思う。

南相馬は福島県浜通りにある小さな田舎町で、地元として誇れるものとしては相馬野馬追の歴史や、のどかな田んぼと美味い海の幸ぐらいしかないかな。仙台や東京で生活していても、帰って来るとホッとする場所。

この10年間を振り返れば、歯を食いしばるほど辛いことや大変なこと、悔しい思いをしたことが本当に沢山あった。

でも、高校の時に通っていたラーメン屋の〈双葉食堂〉のおばちゃんたちの頑張りを地元のニュースで見たり、地元の漁師の先輩や後輩の頑張りを見る度に、「俺も頑張んねどな〜!」と、地元からはいつも力をもらってきた。

あの震災によって人生が変わってしまった仲間もいる。そんな仲間たちもまた帰って来られるように願っている。


この先、減ることはあっても増えることはない仲間たちに感謝と力をもらっている。

自分には本を書いてでも伝えたかったことがある。〝変わってしまったこと〟と〝変わらないこと〟の大事さだ。そして、今もここに仲間たちが守ろうとしてきた地元があること。俺は地元が好きだということ。

被災地支援を経験する度に、地元のことを考える機会が増えた。大事なものを改めて考えることの大事さを。あいつらの分まで。

出来る事を出来るだけ

出来る事を出来るだけ

支援する中での行動理念の柱としての考え方が「出来る事を出来るだけ」。

被災地の現状を見て思うことは「できるだけ被災者の方々を助けたい」。そんな感情がまず初めに思い浮かぶ。

しかし、被災の範囲や避難者の数や被害の状況を知れば知るほど、できることは限られる。そして無理をすると長続きはしない。目の前の人を助けること、自分たちの身の丈に合った支援の仕方を考えること。それが大事だと実感した。

振り返れば、経験もなく想いの塊でしかなかった被災地支援にも、やっとその形ができてきた。これも被災地での被災者の方々との〝小さな約束〟の繰り返しを繋いできた結果だろう。

東日本大震災の際は正直、ボンジャスメンバーのみんなも無理をしながら限界を超えた行動をしていたと思う。

被災地の現状を目の当たりにして、自分を中心に考えるのではなく、被災者の方々のために行動してくれた仲間たち。通常では考えられないほど車を走らせ物資や人を運び続けてくれたタカヒコ、自分の仕事を二の次にしてでも山梨から物資を集めて毎週通い続けてくれたVEGA-Tさん、郡山からはDJ MAMBOWにたくおさん、そして行動を共にしたヤスさんやFUさんやマコトさんやりょうやあべ、若葉会のみんながいてくれたからできたことだと思っている。

そして、全国各地で物資を集める拠点になってくれたアーティストのみんなや洋服屋さん、クラブ関係者の皆さん、募金を集めてくれたローライダーの皆さん、各ジャンルのサポートをしてくれたみんな、そして物資や募金を託してくれた「全国の支援者の皆さん」一人一人の行動や想いが集まって大きなことができるようになっていった。

募金を託す人、物資を託す人、物資を届ける人、物資を配る人、炊き出しの食材を作る人、炊き出しの食材を送る人、炊き出しを作って配る人、支援の形を作る人、賛同してくれる新たな支援者を探す人……支援の形は沢山ある。その中で自分ができる支援の形を探してもらいたい。

10年も経てば環境は変わる。その変わった環境の中で、それまでの経験を活かしながらできることを考えることが大切だ。

この10年間に活動を積み重ねてきて、「家族を犠牲にしてまで支援を支援しない」や「無理をしても、長続きしない」といった教訓を得てきた。自分に合った「出来る事を出来るだけ」を心がければ、それでいい。

例えば関わる人を増やす行動、それも「出来る事を出来るだけ」だ。

恩師の言葉達

恩師の言葉達

節子先生

節子先生は、おばあちゃん先生。テストで良い点数を取ると手作りのおいしい飴をくれた。農家の息子には優しかったりとか、えこひいきばっかりする先生で、小学校時代、鼻たれやんちゃ坊主全開の大土少年はいつも節子先生に怒られていた。

ある日、同じクラスの子と喧嘩になり、節子先生から大激怒をされたことがある。

「お前の言葉は人を傷つけることがある！　すぐに言葉に出さずに、それを言われる相手の気持ちを頭の中で一度考えてから言葉にしなさい！」

この言葉を、今でも大事にしながら生きている。被災地支援の最中、BOND & JUSTICEもこの言葉に解散の危機を救ってもらった。

何気ない言葉が人生を左右することがある。そのきっかけは些細なことだったりする。恩師の言葉だったり、聴いていた音楽の歌詞だったり。

どんな言葉でも、それを受け取ってどう感じるかは自分次第。たとえそれが立派な人物の言葉ではなかったとしても、自分にとって役に立つ言葉もある。

しろうちゃん

高校時代は福島県の小高工業高校の機械科に通っていた。自分のクラスは40人全員が男子で、同学年の男女の割合は9：1。男臭い学校だった。

社会科の先生しろうちゃんは、当時大学を卒業したての新卒。友達のように話ができる先生で、いつも生徒と一緒にふざけてて、生徒と一緒になって主任の先生に怒られているような先生だった。自分たちが卒業する年に離任が決まり、お別れの言葉としてしろうちゃんが話したのがこんな内容だった。

「籠の中の鳥は、毎日ご飯があって、雨に濡れる心配も外敵から身を守る必要もありません。だけど野生の鳥は違います。餌にありつける保障がないから、毎日必死で餌を探さないといけません。外敵から命を守らなければいけません。みんなに質問です。あなたはどちらの鳥の人生が良いですか？　餌や外敵の心配はないけど空を飛べない籠の中の鳥が良いですか、明日の保障はないけど空を自由に飛べる野生の鳥が良いですか？　今すぐ答えを出す必要はありません。あなたは自由と不自由をどう考えますか？」

しろうちゃんに「今後の仕事はどうするの？」と聞くと、「インドにでも行こうかなって思ってる」と答え、地元の郡山に帰っていった。その年のゴールデンウイークに電話が鳴った。

「しろうちゃん、心筋梗塞か脳梗塞かで亡くなったみたいよ」

しろうちゃんはその目で何が見たかったのか？何を感じたかったのか？

恩師の言葉が、余計な一言を言いそうになった時に止めてくれる。恩師の言葉が、迷った時に道を照らしてくれる。言葉の力にいつも助けられている。

冥土の土産ツアー

冥土の土産ツアー

北海道支援へ

東日本大震災から約半年後。宮城県塩釜の桂島で炊き出しをして、避難所の談話室でおんちゃんおばちゃんたちとご飯を食べてる時に海苔屋の進さんがこう言ってくれた。

「自分たちも支援してもらって、大去さんたちが他の場所ではどんな活動してるか興味あんだよな〜。機会があれば自分も参加してみたいと思うんだ」

そんな話から始まり、北海道に避難した方々に物資の配布と炊き出しをすることになった。

別の日に桂島に打ち合わせに行った時のこと。

「今度、北海道に避難した人たちのために物資配布と炊き出しに行くんだけど、一緒に行く人、手ぇ上げて〜！　参加費の半額は自己負担になるよ〜！」

この時に声をかけた皆さんは、まだ桂島の仮設住宅に入っていた。被災地支援への参加費を半額負担してもらうのは、正直気が引けた。

進さんが「今度は恩返しにいくべ〜」といった感じでみんなに呼びかけてくれた。

桂島のおんちゃん、おばちゃんたち十数名が一緒に北海道に支援に行くことが決まった。残念ながら言い出しっぺの進さんは、仕事の段取りがうまくいかず、結局は来られなくなってしまった。

仙台港からフェリーに乗り苫小牧港に到着、そこから札幌市内のホテルへ移動。その後みんなですすきの市内へご飯を食べに行くと、客引きのお兄ちゃんから声をかけられた。

「みんな同じ服着てますが何の団体ですか？」

自分達30代の兄ちゃんと、おんちゃんおばちゃんがBOND & JUSTICEのお揃いのナイロンジャケットを着て、大勢ですすきのの街を歩いていたのだから、かなり異様な光景だったに違いない。

翌日、豊平区の小学校での「北海道に避難した方々の集い」にて、宮城に集まった物資の配布と、炊き出しとしてお蕎麦を提供させてもらった。

桂島の皆さんだって自分たちの生活を立て直している最中なのに……「困った時はお互い様」を身をもって学ばせてもらった。言葉で言うのは簡単だけど、それを実際に行動に移すことの大切さ。

これからも、被災地のみんなと共に学んでいく。

思い出の写真作り

宮城塩釜市桂島のおんちゃん、おばちゃんたちと仮設住宅の談話室で何気ない会話をしていた時、「思い出の写真もなんもかんも、津波で流されてしまったから、「思い出作りに行こ〜」ということになった。

そんなノリから始まった総勢16名での沖縄旅行。チケットの手配から現地でのスケジュール管理、レンタカーの手配、食事、ホテルの手配など「俺はなんでも屋さんだな」と思いながらも、真面目に旅のしおりを作った。

旅のタイトルは「冥土の土産ツアー〜棺桶まであ

とちょっと！〜」。ノリで始まった旅だ。タイトルだけはふざけさせてもらった（笑）。震災後から避難所生活を始め、仮設住宅に移り、一息つく暇もなく新しい生活が始まった皆さんに、この機会に少しでもゆっくりしてもらいたいな、と思った。

沖縄では桂島のみんなにも大いに楽しんでもらえた様子だった。唯一のトラブルと言えば、自分の独断で宿の部屋割りを男部屋と女部屋で分けたら、「夫婦ごとの部屋割にすんのが普通だべ。そこは気を遣えよ（笑）」と怒られたぐらいで（その後ちゃんと夫婦毎の部屋割にした）、何事もなく旅行を終えた。

「思い出の写真が一枚もないならみんなでこれから楽しいことやって、遺影に使う写真と思い出作ろう！」そんな思いから始まった旅行だった。

「人と関わるということ」について改めて考えた。どんなことから人との出会いが始まるかわからないけど、どちらかが死ぬまでの一生モノの付き合いが、この被災地支援から生まれた。

巻末付録

HOW TO 支援

ＨＯＷＴＯ支援

これまで支援活動を続けてきて学んだことをまとめてみた。これから活動を始める場合のヒントとして、また情報交換になればと思う。

〜着眼点〜

●物資編

１空からの視点

物資拠点をどこの県に配置したらいいか悩んだ場合は、まず日本地図をイメージしてみてほしい。

東日本大震災の場合は、東京を中心とした円形を上空から見た場合に三段階の大きさになるよう、物資を集める形を取った。

一番小さい円の中にある関東圏の拠点（東京・埼玉・千葉・神奈川）には、子供たちやじいちゃん、ばあちゃんのための物資を集めた。ここに集めた物資ならば、ある程度時間がかかってでも、なんとかして物資を直接引き取りして栃木基地に運べるように。単独での行動が最も困難な、子供とお年寄りに必要な物を中心に集めた。

中くらいの大きさの円の範囲、中部圏（茨城・栃木・群馬・静岡・山梨）には食料や乾電池など生活用品を中心に集めた。

一番大きな円の範囲、日本で言うと一番遠い北海道や沖縄には、関東圏で集めるのが難しかった携行缶やポリタンクなどを集めた。

２物資配達可能エリアは本当にギリギリの範囲を探す

例をあげると２０１６年の熊本地震の際は、ヤマト運輸、佐川急便、日本郵便の3社が熊本県全域への物資の受付を停止していた。４月14日に起きたこの地震後すぐに動き出したボンジャスチームは、４月16日には現地入りしていた。熊本に向かう車中で各地の仲間と電話やSNSで連携を取り合い、どこまでなら物資が届けられるかを確認した。この時は福岡と鹿児島までならば配達可能だということがわかったので、両県に住む仲間に連絡し、物資拠点をその2箇所に配置した。

この距離ならば、たとえ時間がかかっても自走で物資を運べる。普通だったらみんな「熊本に荷物が届かない」とわかった時点で諦めてしまうけど、自分たちはこれぐらいじゃ諦めない。２０１１年から繋いできた経験と

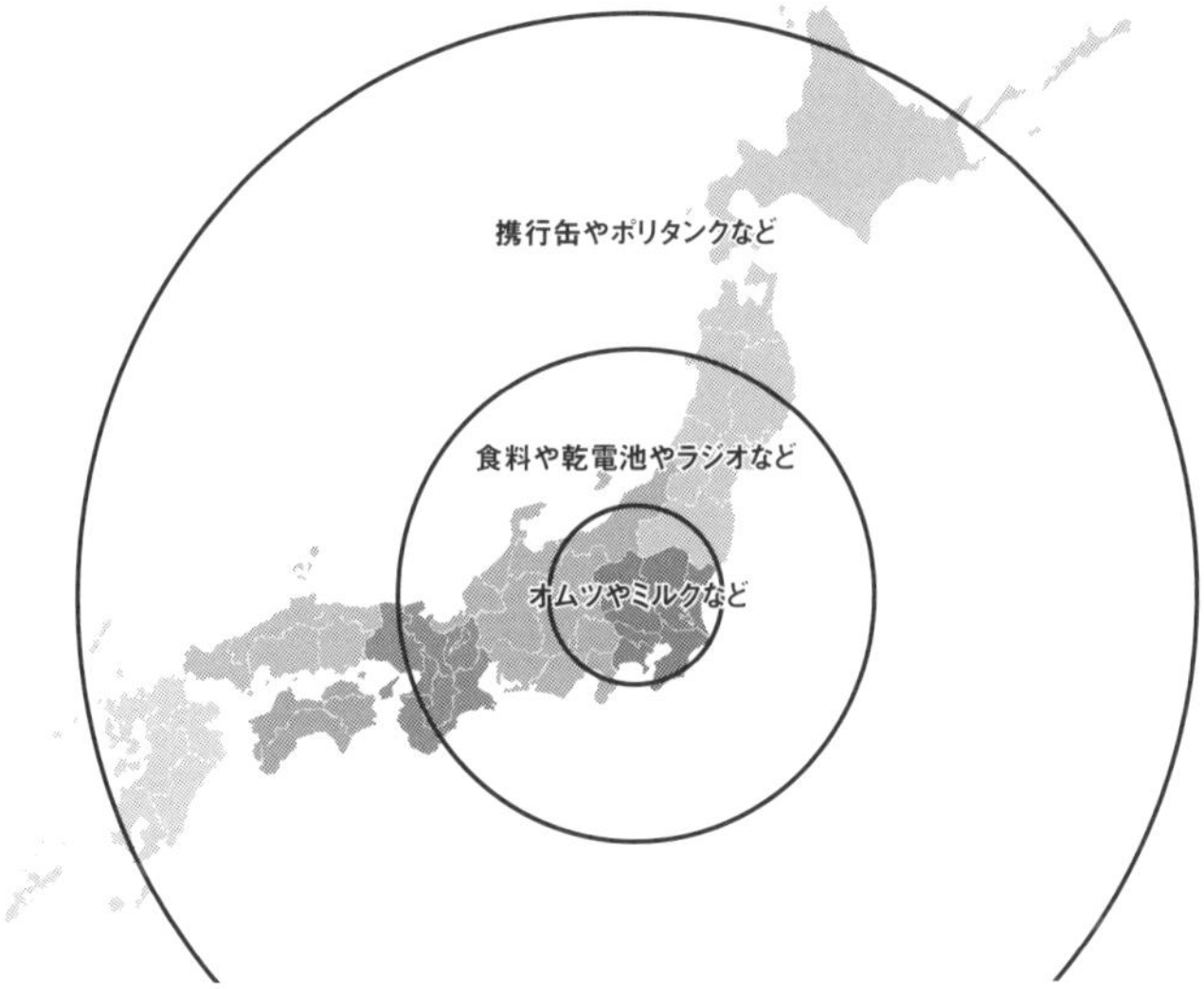

ネットワークがあり、全てを駆使して最善を尽くす。ここまで手を回すのはボンジャスぐらいだと思う。自分たちは「被災地に物資を届けるのが最重要」というところから逆算して考えるので、万策尽きるまでは「何とかなるんじゃないか？」と解決策を探し続ける。

3 物資の間取りを作る

効率よく物資拠点内を整理したいときには、まず最初に見取り図を作る（家の間取り図をイメージしてもらえるとわかりやすいかもしれない）。一旦、大まかに物資を仕分けして、次に混在した物資の仕分けをする。食料

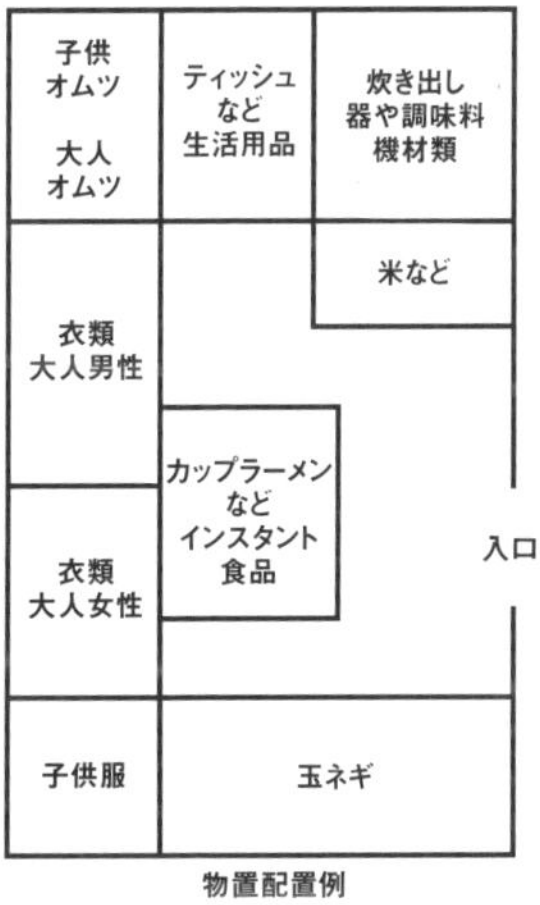

物置配置例

であればその際に賞味期限などの確認をしてから、更に各ジャンル分けをして倉庫内の仕分けをする。仕分け終了後は、誰が物資を取りに来ても一目でわかるように、倉庫の出入り口付近には保管中の物資情報を書いた紙を貼り出しておいた。

●避難所編

避難所はマニュアルがない状態から始める場合がほとんどで、避難所同士の情報共有がされていないことが多々ある。避難所ごとに運営方法などの情報を共有し合いながら、有益なことならどんどん取り入れていくのも大事だ。

1 遊びの要素を取り入れ、運営を円滑に

とある避難所では、数やサイズが揃わなかった衣類があった場合、取り合いになってしまわないよう、ゲーム性を取り入れて抽選形式にしていた。希望者は名前とサイズを書いた紙を抽選箱に入れ、後日当選者発表会。抽選に当たった人も外れた人もみんなワイワイ盛り上がっていた。ほんの少しの遊び要素を取り入れることで運営が円滑になる好例。

とある避難所では一部屋の利用目的を時間ごとに区切っていた。カフェ時間／勉強部屋時間／晩酌時間など と時間割を決め、限られたスペースを有効活用して運営をしている避難所もあった。

2 〝防災センター〟には要注意

これは炊き出しチームの皆さんには覚えておいてほしいんだけど、〝防災センター〟という名前が付いてる避難所は火器厳禁のため、炊き出しの際に火が使えない。自分たちも、炊き出しに行った先が防災センターだったことが実際にあった。その時は近くにあった別の避難所で調理して、でき上がった料理を車で運ぶ、というシステムを取ることにより解決。火器が使えるかどうかは先に確認しておいた方がいいかもしれない。

3 物資に人が群がりパニックが起こらないようにカウンターを設置

東日本大震災の際、１０００人規模の避難所のため、物資配布の際には家族構成カードを作り、物資の管理を行った。カウンターで必要物資を注文してもらい、物資を配るスタイルにする事によって必要物資の有効配布に繋がっていった。

以上の様に、支援者だからこそ見えることも沢山あるので、支援者同士の交流会などでそれぞれの意見や知識を交換することが、今後の被災地支援の円滑化に繋がっていくと思う。

～情報の鮮度とマッチング～

●情報の鮮度

支援が必要な災害情報が入った際に自分たちボンジャスが最初に取る行動は〝物資の収集〟だ。物資を集める際に気をつけなければいけないのが「情報の鮮度」。災害の規模や状況に応じて必要な物資は変わるので、細心の注意を払いながらＳＮＳでの拡散を始める。

水害を例に出すと、前回の支援の時に必要だった物が今回はまったく必要なかったりする。例えば２０１９年の台風19号被害の際は、福島県相馬では浄水場が被災した影響で地区によっては約１ヶ月近くも水道が使えない状態が続き、ポリタンクが最も必要な物資だったが、２０２０年の人吉豪雨災害の水害の際は、それほど需要がなかった。

自分たちが物資を集める際にする事は、必要物資を明確にし、短期で集める（これが大事なこと。昨日までは水が足りなくて困っていたとしても水道が復旧した瞬間にポリタンクも水も必要なくなり、「まだ困っているところがあると思うのでそちらに送ってあげてください」と言われる）。また、遠方から物資を送る人の事も考えて情報を切り上げる（遠くから送ってもらった場合には到着まで数日のタイムラグがあるから）。

例えば、人吉豪雨災害の際に必要だった高圧洗浄機も、コンセント付きの高圧洗浄機より、エンジン付きの高圧洗浄機の需要が高かった。なぜなら電源復旧に思いのほか時間がかかったから。そんな感じで、現場ごとに毎回状況が違う。

物資を倉庫に集める際は「物資内容を段ボールの４面に書くこと（どんな形で積んであっても中身の確認ができるようにするため）」や、マスクなら【マスク】、衣類なら【衣類】、茶碗や丼などの器類なら【器類】と、なるべく現地でも仕分けをしやすいように、物資を送る側もちょっとした気遣いをすることにより、現場の円滑化に繋がる。

マスクや衣類などのちょっとした物を集める際は「この物資を集める期間は今日から3日間で終了します。足りない際はまた、SNSにて再度募集をかけます！　何月何日午前10時現在」と、情報を発進した時間まで細かく書いて投稿する。

また、物資を送る際は、「自分が受取りの立場だったら、こうしてもらえたら嬉しいかもしれないいな」と考えながら発送してもらえるとありがたい。稀に冷凍・冷蔵庫が埋まってしまっていることがあるので、あまり日持ちしない食料品や冷凍・冷蔵品などを送る際には、できるだけ食品のロスがない形で被災地支援に活かせるよう、事前の問い合わせをお願いしたい。

●マッチング

物資収集の目処がついたら次は〝必要な人への適切なマッチング〟を考える。避難所ごとに避難者の年齢層とその割合が違ってくる。「子供が多い」「高齢者が多い」など、その場所ごとの状況を把握しておいて、必要な場所へ必要な数を届けている。また、被災地が広範囲の場合は仲間たちと担当地区を分担する。その後は必要物資の情報交換をしたり、今後の必要物資の状況を相談しながら、現場の声としてSNSに投稿している。

2020年の熊本人吉支援は、コロナ禍での支援活動の難しさに直面し、色々と考えさせられた。経験を活かし新たな支援の方法を考えることも、大事な〝マッチング〟の一つだと感じている。

〜時間軸〜

BOND & JUSTICEがこれまで10年間に行ってきた被災地支援の、現地滞在期間とその引き上げ目安を、時系列に沿ってまとめてみた。

東日本大震災支援　2011年3月（炊き出し支援、物資支援）

避難所と仮設住宅への炊き出し期間は、避難所解除までの約1年半。※双葉市民の方が避難していた避難所に関しては、最終避難所解除されるまでの約2年間、月1〜2回の定期炊き出しが行われた。

山梨豪雨災害支援　2014年2月（雪かき支援）

豪雪で潰れたビニールハウスの雪かきと撤去作業を

行った。期間は約3ヶ月。

茨城豪雨災害支援　２０１５年９月（炊き出し支援、物資支援）

避難所と在宅避難の方への炊き出し期間は、避難所解除までの約4ヶ月。避難所で炊き出しを作り、現地のヘルパーさんが在宅避難の方々へそれぞれ配達してくれた。

熊本地震支援　２０１６年４月（炊き出し支援、物資支援）

避難所と仮設住宅への炊き出し期間は、避難所解除までの約6ヶ月。その後も単発の炊き出しを行い、仮設住宅でのクリスマス会などのイベントも開催した。

九州北部豪雨災害支援　２０１７年７月（炊き出し支援、物資支援）

避難所と仮設住宅への炊き出し期間は、避難所解除までの約5ヶ月。その後も単発の炊き出しを行い、仮設住宅での芋煮会などを開催した。

西日本豪雨災害支援　２０１８年６月（炊き出しの後方支援、物資支援）

岡山県の避難所への炊き出し期間は、避難所解除までの約2ヶ月。主に現地支援団のサポート、後方支援を行った。集中支援期間は1ヶ月。その後も単発で復興コンサートなどを開催した。

北海道胆振東部地震支援　２０１８年９月（炊き出し支援、物資支援）

避難所と仮設住宅への炊き出し期間は、避難所解除までの約3ヶ月。主に現地支援チームのサポート、後方支援を行った。集中支援期間は2ヶ月。その後も単発で仮設住宅での避難者懇親会なども開催した。

令和元年8月豪雨災害　２０１９年８・９月（炊き出し支援）

佐賀県の避難所への炊き出し期間は、避難所解除までの集中支援を約1ヶ月。その後も単発で〝復興さんま祭り〟などの町イベントを開催した。

千葉県台風１５号災害支援２０１９年９月（炊き出し支

援、現場支援）
公民館での炊き出し支援は、公民館の運営終了までの約2ヶ月。※集中支援1ヶ月。炊き出しの他に、瓦礫の撤去作業などの現場支援を行った。

台風19号災害支援　2019年10月（炊き出し支援、物資支援）福島県、宮城県

避難所での炊き出し支援期間は、避難所解除までの約3ヶ月。※福島県郡山、宮城県丸森での避難所と公民館での炊き出し支援、断水地区（相馬）への水やポリタンク配布などの物資支援を行った。

令和2年7月豪雨災害支援（熊本県人吉市球磨村）（現場支援、炊き出し支援、物資支援）

コロナ禍のなか、自主コミュニティーやお寺さんなどを中心とした炊き出し支援を約5ヶ月間行った。ボンジャスとしての現場支援は約3ヶ月間。瓦礫の撤去や、住宅をリフォームするための環境を整えるため泥の掻き出し作業などを行った。必要物資支援のマッチングも行った。

これまでの実績から、支援期間の目安は以下の通り。
◎豪雨災害支援　約2ヶ月～半年間
◎コロナ禍での豪雨支援　半年間～（2021年1月現在も継続中）
◎地震災害支援約3ヶ月から半年間
◎豪雪災害支援約3ヶ月間
◎地震、津波、原発災害支援　約1年半～

支援団体によりそれぞれの引き上げ目安は異なるが、BOND & JUSTICEは初期、短中期タイプの支援団体になる。過去の実績を鑑みると、3ヶ月から半年の間に地場コミュニティの構築や地元支援団体との情報網を素早く共有できるような関係を築くことが必要だと思う。

災害時に行政批判をするよりも、まずは自分たちのコミュニティ内でできる支援の形作りをする事が、突然の災害にも恒久的に対応できる力になると思う。県外ボランティアの方々の力を借りながら、地元でできる長期的な支援の形作りが大切だ。

~情報発信~

ここからは自分がSNSに投稿した、SNSでの情報発信のコツを転載する。この投稿のフォーマット自体も参考になればと思う。

BOND & JUSTICE から皆様へ！
☆拡散シェアご協力希望☆
【物資が届かない、指定されて居ない避難所の方へ！

311の経験から、物資を届く様にするには！】
☆SNS編☆
1 避難所のアカウントを作成して、担当者を決める。
2 避難者の数を把握する。
3 避難者の年齢や子供の数をアップする。
4 「物資が足りない」より、「物資があと何日で不足するか」をアップする。
5 責任者を立てる（在庫をチェックする人）。
6 日時をキチンとアップする（8時、12時、15時、19時）。
※一般の人が携帯を触れる時間に合わせる！
7 後は想いを込めて文書を作成する。
8 参考例
〒860-0084 熊本県熊本市 北区＊＊＊
熊本＊＊＊病院
電話番号 096＊＊＊＊＊＊
大人用おむつ、割り箸、紙皿、すぐ食べれるような缶詰めやレトルトなどの食料がほしいとのことです。
ガスなどは開通してるそうです。
入院されてる方が550人
避難されてる方が100人
高齢者が多く、買い物も行けない方たちなので、できればたくさんあると助かると言われました（このような文書を添える）。
9 物資を取りに来れるか？ こちらで届けるのか？
最後に。物資を集めるにあたり、ロスを無くすのと、届いてない避難所に物資を届けてもらうには、現地の方（避難している方）からの声が1番大事です！

自分たちが預かっているのは《物資と被災地に対しての沢山の方々からの想いです！》。

BOND & JUSTICE 代表大玉雅宏
#支援物資 #ボンジャス

BOND & JUSTICE から皆様へ！

☆拡散シェアご協力希望☆

最初に。炊き出しに必要な事は〈マッチング〉です!!

【炊き出しをして欲しい避難所編！】

☆SNS編☆

1 避難所の Facebook、Instagram、ツイッターのアカウントを作る。

2 昼の避難者の数、夜の避難者の数を出す。

3 ハッシュタグを付け、災害支援、炊き出し希望と書き、避難所の食事の状況を炊き出しをしようとしている支援者の方に知ってもらう。

4 避難者の食べたい物の希望を聞くなどをして炊き出しをして欲しいメニューのあくまでの希望を持っておく。

5 炊き出しの支援者の方とメニューの打ち合わせなどをする（電気はあるか？ ガスはあるか？ 水道はあるか？ 夜の炊き出しの際に宿泊は可能か？）。

6 当日、配布の時間や炊き出しチケット制なのか？年配の足の不自由な方や寝たきりの方は優先的に運んであげる！

7 炊き出しが終わった際には、お礼をキチンとし、また、炊き出しが可能か確認をする。

8 避難者の方々は、炊き出し支援をして頂いた支援者の方に、美味しかったら「美味しかった！」と伝えてあげて下さい！ その一言で、どんなに遠い所から支援に来ても救われる言葉です。

#ボンジャス #炊き出し

BOND & JUSTICE 代表大土雅宏

BOND & JUSTICE から皆様へ！

☆拡散シェアご協力希望☆

3 1 1の経験から、炊き出しをスムーズに行うには！

【炊き出しをしたい方々、業者様へ】

☆SNS編☆

1 自分たちの炊き出しをする日程、メニューを決める（第三候補くらいまであげる、昼、夜を決める！）。

2 避難者の数を把握する。

3 避難場の担当者の方へアポイントを取る。

4 日時、昼 or 夜、人数、メニュー？

5 炊き出しにあたり、炊き出しを手伝うボランティアの方の依頼をする!
☆当日☆
6 昼の場合は、余裕を持って8時から準備開始、12時から配布。夜の場合は、余裕を持って14時から準備開始、17時~18時配布(避難所によって食べる時間が違うので確認!)。
7 炊き出しの配布時間は避難所によって、時間はまちまちの時があります!
8 皆さんに美味しく食べて欲しいと思って作った食べ物を配膳。
9 来た時よりも綺麗にして帰る!
炊き出しをするにあたり大事なのは、炊き出しを行う炊き出し側と避難している方々の人数。できれば少し多めに作って置くと良いです。

自分たちボンジャスの炊き出しはご飯類、汁物、お浸しorお新香の3品セットを意識しながら作ってます!
※年配の方が多いので野菜を多めだと喜ばれます!
避難所の1番の楽しみは食べる事かも知れません。

炊き出し側の郷土料理などを炊き出しすると、舌にも頭にも残る炊き出しができると思います!

最後に〈食という字は人を良くするで食です。お腹が空いていては、イライラしますがお腹と心を満たす炊き出しをみんなで作りましょう! 日常の当たり前を〉。

炊き出しをしたいけど、機材や経験が無い場合は、ボンジャスおーどが熊本にいる際でスケジュールが合う場合は、サポート致します!
※炊き出し費用は1人分約150~200円位が大体の目安になります!
#ボンジャス #炊き出し
BOND & JUSTICE 代表大土雅宏

【物資引き取りの際の注意点】

【ボンジャスの物資を小学校から持って行って頂いてる皆さまへ】

支援している皆さんにも必要な、気持ちの置き方にもなると思います!

共感できる方はシェアお願いします!
☆お願いと注意点☆

皆さん、ご協力ありがとうございます！

物資を運ぶ際にちょっとした気遣いをお願いします！

自分たちボンジャスメンバーも普段から気をつけている事なのですが《一般の方から見ると、幾分か身体が大きく、声がでかく、柄が悪くみられがちです（笑）》。

311の際もボランティアセンターに避難所の状況と炊き出しの状況を確認しにいったボンジャスメンバーが、怒りながら非常に傷ついて帰ってきました！

「避難所の現状どうだった？」と聞いたところ、「教えてもらえなかった。柄が悪いし、顔が怪しいって市役所職員に言われた!!」「みんな、鏡見てきな～！」「怪しいでしょう～（笑）」という話がありました！

自分たちは見た目でだいぶ、損をしていると言うか、一般の方々に与える威圧感が出てしまうので、物資を取りに行く際には《鏡を見て、優しい顔にしてから、キチンと挨拶して、ボンジャスの物資を取りきました！　場所を教えて頂けますか！　と聞いてください！　そして帰りに最高のありがとうございますを残していってもらえませんでしょうか！》。

災害から時間が経つと、みんなストレスが溜まってきます!!

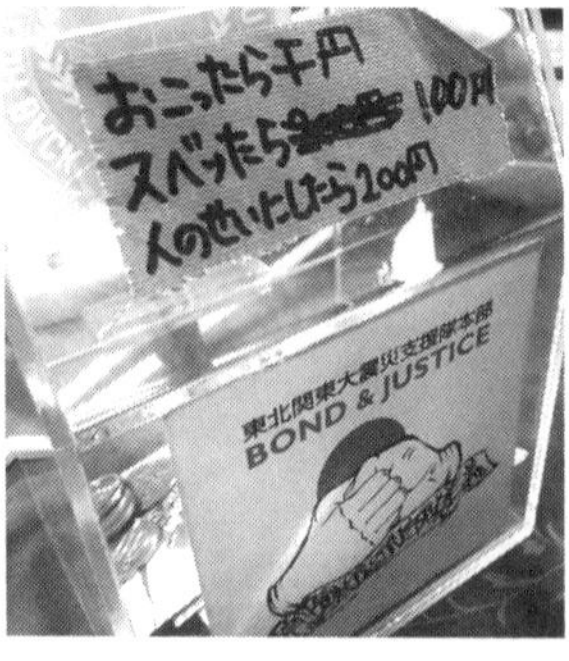

そんな時だからこそ、優しい気持ちで支援しましょう！

これだけを心掛けて頂きたいです！

それと茨城の炊き出しから加わったルールです！

「怒ったら100円募金!!」

こう考えると笑いに変わりますので！

物資を運ぶ皆さん！

よろしくお願いします！
※あくまで、自分たちは武蔵小学校の場所を借りてる立場なので、誰かがトラブルを起こしてしまうとせっかくの物資や行為が無駄になってしまいます！
心掛けお願いします！
#ボンジャス

あとがき

２０１１年3月11日。あの日から被災地を走り回り、出逢ったすべての方々に助けられてきた10年間でした。

「何が大玉をそこまで走らせるの？」

よく人からそう聞かれるけど、正直言って自分ではよくわからない。ただ、これまで出逢ってきた人たちから託してもらった想いや授かったものを、次の被災地へと繋ぐことだけを考えて〝動く支援〟をしてきました。被災地・南相馬に生まれた自分が、被災地支援をしていくことの意味を今までずっと考えてきました。

誰もが自分が被災者になるなんて思ってもみなかったと思います。地元が被災地になって、家族がバラバラになったり、故郷に帰れなくなるなんて想像もしていなかった。一瞬にして日常が変わってしまい、放射能汚染によって海や田んぼ、そして生活が一変した。

「少しでも災害に苦しむ人の力になれれば」。そんな想いから始まった被災地支援。

「地震や津波、原発の被災者の人たちが前を向いているんだもん。俺らも頑張んないと！」

そう言ってくれた多くの人たちの声が、自分たちの大きな励みになりました。

「大玉、大丈夫だよ。お前のやっていることは誰にでもできることじゃない。信じて続けてればいいよ」

そう肩を叩いてくれた、先輩の椿さんの声にも救われました。

ちゃらんぽらんで仕事も何も長続きしなかった10代。ＬＧＹの仲間と一緒に〝音楽〟という夢を見て走っていた20代。30代で震災が起こり自分の人生も一変した。どんなに辛い時も前を向いて走り続けることができたのは、間違いなく震災を通じて多くの人との出会いがあったからです。震災直後から活動を共にしてきたBOND & JUSTICEの中心メンバーに、ここであらためて感謝の気持ちを伝えさせてください。

VEGA-Tさんは、レゲエ&ヒップホップの繋がりと共に沢山の信用を託してもらいました。男気にあふれ、責任感が強く、全国の被災地へと一番一緒に動いてくれたVEGAさん。VEGAさんの存在がなければ、ここまで支援活動を続けることはできませんでした。

FUさんはどんな時でも良き理解者として側にいてくれた。LGYのデビューのきっかけを作ってもらった〈JUNK BOX〉のフロアで一緒に踊っていた日には、まさか被災地支援で10年間も共に走り続けるとは思ってもみなかったけど、FUさんがいなければ音楽の繋がりがここまで広がっていなかった。ありがとうございます。

マコトさんはいつも正しいことは正しい、駄目なことは駄目とはっきり叱ってくれた。炊き出しの仕込みでは桜新町のお店を貸してくれたことにも感謝しかないです。これからのマコトさんの進む道とBOND & JUSTICEの活動も重なっていくと思うので、また力を貸してください。

ブルックリンヤスさんは出逢って5時間で同居が始まり、沢山のミラクルを一緒に起こしてくれた。自分一人の力じゃ絶対にできなかった、ワールドワイドな支援の形を作ることができたのはヤッさんのおかげです。ヤっさんにしかできない〝巻き込む力〟で、これからもBOND & JUSTICEを引っ張っていってください。

タカヒコは走行距離はダントツでナンバーワン。名取の倉庫に来た時は顔出し程度のつもりだったのに、それから何年にもわたり〝縁の下の力持ち〟として支援活動を根っこを支えてくれた。ありがとう。閖上の丘から帰る車の中で、一緒に〝未来へ〟を聴いたことは一生忘れない。

LGYのRYOも一生懸命被災地を走り回り、必要な物資を届けてくれた。昔からの仲間が側で支えてくれたことが、どれだけ心強かったか。地元の人間が一番地元を想い、地元の力になる。そう信じている。まだまだ自分たちが地元に恩返しすることは沢山あると思う。これからもよろしく！

百ちゃんは震災直後から自分の無茶に付き合ってくれ、本当に支えになった。福岡まで戻って公園で物資を集めてくれ、気仙沼まで届けてくれた時は涙が出そうになった。あの時感じた想いは一生自分たちの人生の支えになり道を照らしてくれると思う。百ちゃんのこれからと進むべき道のこと、今度聞かせてください。

DJ MAMBOWさんは同じ福島人として一緒に走り回りながら、父としても子供のために頑張る姿を自分はリスペクトしてます。取っ組み合いの喧嘩をした時は頭にきたけど（笑）。相馬や郡山や丸森の炊き出しを手伝ってくれたり、いつも被災地のことを気にしてくれて支えてくれる。たくおさんや地元の仲間たちを連れて来てくれたことも大きな助けになりました。

DJ FILLMORE君は、音楽を始めた時も、支援を始めた時も、いつも背中を押してくれる存在。宮古まで一人で運転してくれた時はさすがに心配したけど（笑）。FILL君が居てくれる安心感が心地良かったです。

CORN HEADさんは、いつも良き理解者として、炊き出しに来てくれたみんなを笑顔にしてくれる。そんな温かみのある支援の姿が好きです。父親として、アーティストとして、そして支援仲間としてこれからも一生の付き合いだと思ってます。

USSAは自分にできることを常々考えてくれ背中を押してくれる。よっちゃんやしょう、お父さんやお母さんふみたち家族みんなで支援に関わってくれて本当にありがとう。これからも人生のツレとしてもよろしく。

FUMI君は被災地の現状を写真という形で伝えてくれ、今回の本でもFUMI君の貴重な写真を沢山使わせてもらいました。FUMI君の優しさや気遣いはいつも学ぶことばかりです。

ハンサム判治さんは、いつも大きな声と大きな身体で、被災地に沢山の笑顔を作ってくれる。桂島、青森、北海道、福島、気仙沼、静岡、鹿児島と、沢山の被災地に笑顔を届けてくれた思い出はここじゃ書ききれない。これからもまだまだ判さんと一緒に支援の輪を繋げていきたいです。

薗田監督は、いつもどうしたら気持ちを上手に伝えられ、想いを繋げるかを常々アドバイスしてくれた。桂島の過酷な花火大会で、疲労マックスになるまで準備や片付けを手伝ってもらったことは忘れられません。これからも困った時は頼らせてください！

U-PACさん。Uさんが居てくれるだけで力になりました。今では家族ぐるみで支援に協力してくれ、真剣に被災地のことや自分のことを考えてくれたり、いつも出店に誘ってくれることも感謝してます。これからもくだらない話をしながら自分を支えてください。

椿さん。お別れの言葉を言えなかったこと、もう側にいてくれないことが本当に悔しく寂しいです。椿さんが繋いでくれた羅王さんやMIGHTY CROWNのSIMONさんやSAMI-Tさん、横浜や全国の皆さんが支援を支えてくれる大きな力になってます。椿さんの想いは、自分と共に生き続けます。

災害の度に毎回連絡をしてくれたり、後方支援してくれるKayzabroさんとDJ GOさん。被災地にいつも寄り添ってくれるお2人には、被災者を代表してお礼をさせてもらいたいです。

あとこの場を借りてHOMIEのＫＥＩさんにもお礼を言いたいと思います。熊本地震の際の物資を託していただいたり、今回の伝える支援（本書の出版）のきっかけを繋いでいただいたりと本当にありがとうございました！　これからも一緒にできる支援を考えさせてもらえればと思っております。今後共よろしくお願いします！

さだまさしさん、帯文を二つ返事で書いていただき本当にありがとうございました。さだまさん並びに公益財団「風に立つライオン基金」の皆様にもいつも感謝してます。これからも共に被災地の事を考え、模索しながら、支援を形にしていけたらと思ってます。
出版編集を夜中まで支えてくれた東京キララ社の皆さん、文章作りを支えてくれたユーリ君。本当にありがとうございました。皆さんの協力なしでは、今回のこの出版はありませんでした。
沢山の出逢い、沢山の支援者の皆さんが居たからこそ、被災地支援を続けることができました。本来はここで感謝の気持ちを書いて伝えるべきなのに、名前を書ききれない人たちは本当に沢山います。直接会ったりSNSなどでお礼の言葉を伝えさせてもらいたいのですが、最後にこれだけは言わせてください。

「起こった事は最悪だけど、出逢った事は最高！」

全国の被災地は一歩一歩、復興や復旧へ進んでいます。自分はこれからも新しく出逢っていく仲間たちと「出来る事を出来るだけ」の精神で、共に前へ進んでいきたいと思ってます。震災の〝語りべ〟として、あの出来事を次の世代に繋げるために記したこの本が、被災地に想いを寄せるきっかけになれば幸いです。

２０２１年３月11日。
「あれからとこれから」へ、祈りと想いを込めて。

福島県南相馬在住　大玉雅宏

東京キララ社の本

各書籍詳細、その他の刊行物は弊社公式WEBサイトにてご案内しております。

新宿ディスコナイト 東亜会館グラフィティ

著者：中村保夫

ディスコの日認定記念！　ブームの中でも未だ語られることのなかった新宿歌舞伎町・東亜会館の「子供ディスコ」シーンを徹底アーカイブ。新宿の夜を彩った319枚のディスクをカラーで紹介！

音楽

定価：本体 1,800 円（税別）

A5 判 / 並製 / 184 頁
ISBN978-4-903883-31-1

プロレスリング・ノア写真集「LIVE!」

著者：宮木和佳子

団体初の写真集。2017 年、団体史上最も変革・動乱を巻き起こしたシリーズ「NOAH THE REBORN」から、現在進行中のシリーズ「NOAH THE LIVE」まで、オフシャルカメラマンだからこそ撮れた激闘の記録を一冊に！

写真集

定価：本体 2,778 円（税別）

B5 判 / 並製 / 128 頁
ISBN 978-4-903883-30-4

原子力戦争の犬たち　福島第一原発戦記

著者：釣崎清隆

世界中の無法地帯、紛争地域を渡り歩いてきた死体写真家・釣崎清隆が自らの目で見た原子力戦争最前線。ゴールドラッシュならぬ放射能ラッシュに涌く福島に、一攫千金を夢見て群がる男達の群像劇。

ノンフィクション

定価：本体 1,600 円（税別）

四六判 / 並製 / 200 頁
ISBN 978-4-903883-23-6

ハングリー・ゴッド

著者：COOLS ヒデミツ

2015年、デビュー40周年を迎えたCOOLS。これまでの軌跡を綴ったファン必読の一冊！変わらぬ姿勢・人生観、世代を超え愛される魅力がつまったエッセイ集。走り続けるCOOLSヒデミツを追いかけろ！

音楽 / エッセイ

定価：本体 2,000 円（税別）

A5 判 / 並製 / 192 頁
ISBN978-4-903883-10-6

ホタテのお父さん

著者：安岡力斗

長男誕生をきっかけに、芸能界一の暴れん坊から優しいパパへと変身した安岡力也。離婚～クレーマークレーマー生活～ギランバレー症候群～親子間での肝臓移植。息子・力斗が語る、愛と涙で綴る究極の親子秘話。

芸能 / ノンフィクション

定価：本体 1,600 円（税別）

四六 / 上製 /224 頁
ISBN 978-4-903883-06-9

LETTER FROM NEW YORK

著者：篠原有司男　監修：田名網敬一

1969 年に渡米した篠原が、盟友・田名網に 50 年間書きまくった田名網へ送った手紙をまとめた書簡集。時代を創った各界スターたちとの濃厚でハチャメチャな交友録 in NY ！貴重なエピソードと写真満載！

アート

定価：本体 2,000 円（税別）

A5 判 / 並製 / 196 頁
ISBN 978-4-903883-36-6

バースト・ジェネレーション Vol.1

ケロッピー前田 責任編集

90 年代カウンターカルチャーに多大なる影響を与えた伝説の雑誌『BURST』の血統を継ぐビジュアル単行本。スペシャル対談「内田裕也 × HIRØ」、執筆陣：ケロッピー前田、ピスケン、釣崎清隆、根本敬、石丸元章、沼田学ほか。

サブカル

定価：本体 2,000 円（税別）

A4 判 / 並製 / 96 頁
ISBN 978-4-903883-34-2

バースト・ジェネレーション Vol.2

ケロッピー前田 責任編集

スペシャル対談に「般若 × HIRØ」「KEI × 漢 a.k.a GAMI × D.O」が登場！BURSTでおなじみの執筆陣に加えて、PANTA、ロマン優光、姫乃たまらが参加し、過激な最新カウンターカルチャー事情を紹介！

サブカル

定価：本体 2,000 円（税別）

A4 判 / 並製 / 96 頁
ISBN 978-4-903883-47-2

マーケティングなんかクソ喰らえ！　数々の話題作を発表し続
ける反社会的社会派出版社が自信をもっておすすめする一冊！

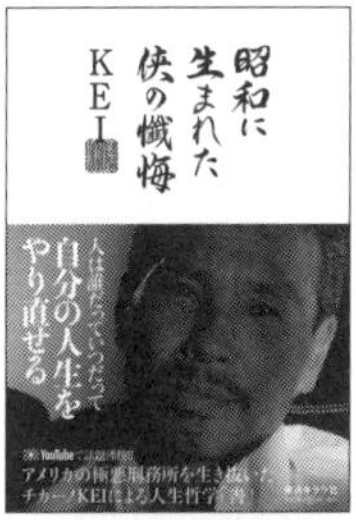

昭和に生まれた侠の懺悔
著者：KEI

人は誰だっていつだって、
自分の人生をやり直せる──

KEIの元へ毎日送られてくる相談の手紙たち。迷える者たちのため、KEIは書をしたためた。アメリカの極悪刑務所を生き抜いたチカーノKEIよる、人生哲学「書」。渾身の130点収録。

エッセイ
定価：本体 2,000 円（税別）　A5 / 上製 / 160 頁
ISBN978-4-903883-52-6

アメリカ極悪刑務所を
生き抜いた日本人 改訂版
著者：KEI

「ノートラスト・ノーワン（誰も信じるな）」
プリズンでは誰もが知っている言葉だ。

レベル５の極悪プリズンをサバイブした男の、壮絶なドキュメンタリー!!
売切れにつき、改訂版で再登場！

ノンフィクション
定価：本体 1,500 円（税別）　四六判 / 並製 / 256 頁
ISBN978-4903883-48-9

チカーノ KEI 歌舞伎町バブル編
著者：KEI

壮絶な内容に話題沸騰！
ヤングチャンピオンで漫画連載開始！

金と暴力が支配する、壮絶な80年代の歌舞伎町ヤクザ時代を赤裸々に語った「バブル狂騒曲」！

ノンフィクション
定価：本体 1,500 円（税別）　四六判 / 並製 / 192 頁
ISBN978-4-903883-37-3

プリズン・カウンセラー
著者：KEI
プリズン仕込みのカウンセラーが、病める日本を救う！アメリカの刑務所でKEIが学んだこと、それは「家族愛」であり「仲間の絆」。カウンセラーとして第２の人生を歩む現在の KEI の活動をまとめた一冊。

ノンフィクション
定価：本体 1,600 円（税別）　四六判 / 並製 / 224 頁
ISBN 978-4-903883-25-0

KEI チカーノになった日本人 改訂版
著者：KEI
FBI の囮捜査にはめられ、カリフォルニアの刑務所に 10 年以上服役した男の壮絶なるハードコア・ライフ。KEI が服役したアメリカの極悪刑務所は、自由に溢れ、女もドラッグも買い放題の天国であり殺人も抗争も暴動も日常茶飯事の地獄であった。

ノンフィクション
定価：本体 1,500 円（税別）　四六判 / 並製 /224 頁 /ISBN 978-4-309908-20-5
発行：東京キララ社　発売：河出書房新社

【DVD】チカーノ・ギャングスタ
監修：KEI
ローライダー、チカーノラップ、タトゥー、ギャング・ファッション、撮影クルーの目の前で起きた襲撃事件……。
KEI 監修、西海岸リアル・チカーノ・ライフを追ったドキュメンタリー。

ノンフィクション
定価：本体 980 円（税別）　トールケース / 90 分
ISBN 978-4-903883-14-4

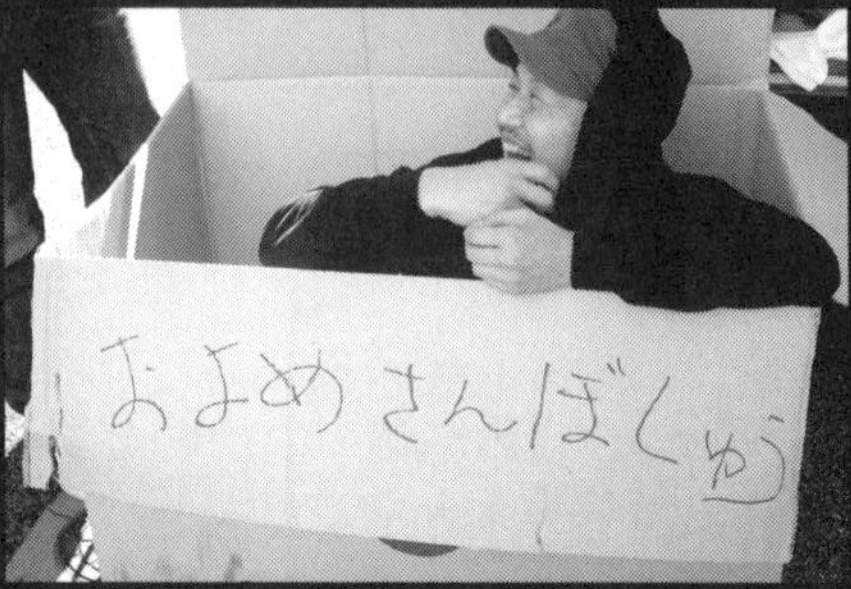

大玉雅宏（おおど まさひろ）

昭和55年6月17日、福島県南相馬市生まれ。県立小高工業高校卒。地元の工場に就職するも半年で退職。その後、川崎、群馬、仙台などを転々としながら様々な職業を経験。21歳でローライダーチーム「2 STYLE CAR CLUB」を結成。22歳、仙台を拠点とする「西海岸crew」に加入、イベント・オーガナイザーとして始動。LGYの元マネージャー兼プロデューサー。2011年3月11日、青森のデパートで東日本大震災に遭遇。その日からBOND & JUSTICEとして動き始める。独身。

皆様のご支援ご協力により被災地支援を継続させていただいております！
活動応援メッセージ、講演依頼などは、こちらへ！　bondandjustice@yahoo.co.jp
《活動支援口座》七十七銀行（しちじゅうしち銀行）一番町支店　普通口座6134530
ボンドアンドジャスティス代表大玉雅宏

起こった事は最悪だけど、出会った事は最高。

HIPHOP 被災地支援隊 10年間の軌跡

発行日　2021年3月11日第1版第1刷発行
　　　　2021年3月25日第1版第2刷発行

著者　大玉雅宏 ©2021年

発行者　中村保夫
発行　東京キララ社
　　　〒101-0051 東京都千代田区
　　　神田神保町2-7 芳賀書店ビル5階
電話　03-3233-2228
MAIL　info@tokyokirara.com

装丁　奈良有望
書　青蘭
写真提供　FUMI　薗田賢次　ycm（YOSHIMI）
　　　　　鈴木ユーリ　BOND&JUSTIUCEメンバー
編集　中村保夫　梅田嘉博　鈴木ユーリ
DTP　加藤有花　沼田夕妃
印刷・製本　中央精版印刷株式会社

ISBN 978-4-903883-54-0 C0036　2021 printed in japan
乱丁本・落丁本はお取り替えいたします。